ensaios sobre
EDGAR ALLAN POE

Dados Internacionais de Catalogação na Publicação (CIP)
(Câmara Brasileira do Livro, SP, Brasil)

Baudelaire, Charles, 1821-1867
Ensaios sobre Edgar Allan Poe / Charles Baudelaire ; tradução de Lúcia Santana Martins. – São Paulo : Ícone, 2003.

Título original: Baudelaire : œuvres complètes
Bibliografia.
ISBN 85-274-0719-1

1. Escritores norte-americanos – Século 19 – Biografia 2. Poe, Edgar Allan, 1809-1849 – Crítica e interpretação I. Título.

03-2219 CDD-818.3092

Índices para catálogo sistemático:

1. Escritores : Literatura norte-americana : Século 19 : Vida e obra 818.3092
2. Século 19 : Escritores : Literatura norte-americana : Vida e obra 818.3092

Charles Baudelaire

ensaios sobre
EDGAR ALLAN POE

Tradução de
Lúcia Santana Martins
Formada em Letras pela Universidade de São Paulo
Especialista em Teoria Literária e Literatura Comparada pela Unicamp

Ícone
editora

Traduzido da edição original francesa
"Baudelaire – œuvres complètes", capítulo: Maturité
Éditions du Seuil, 1968

Capa e Diagramação
Andréa Magalhães da Silva

Revisão
Rosa Maria Cury Cardoso

ÍCONE EDITORA LTDA.
Rua das Palmeiras, 213 – Sta. Cecília
CEP 01226-010 – São Paulo – SP
Tel./Fax.: (11) 3666-3095
www.iconelivraria.com.br
editora@editoraicone.com.br
edicone@bol.com.br

ÍNDICE

INTRODUÇÃO

No dia 27 de março de 1852, Baudelaire escreve a sua mãe:

"Descobri um autor norte-americano que provocou em mim uma incrível simpatia e escrevi dois artigos sobre sua vida e suas obras".

A 26 de março do ano seguinte, em outra carta à mãe, volta a falar da sua afinidade com o mencionado escritor:

"Compreendes agora por que, em meio à pavorosa solidão que me cerca, entendi tão bem o gênio de Edgar Poe e por que contei tão bem sua abominável vida"?

Finalmente, em carta a um crítico, datada de 1864, Baudelaire explica:

"Sabes por que traduzi Poe com tanta paciência? Porque se parecia comigo. A primeira vez que abri um livro seu, vi, espantado e maravilhado, não apenas assuntos cogitados por mim, mas frases pensadas por mim, e escritas por ele, vinte anos antes".

O envolvimento de Baudelaire com Edgar Allan Poe foi profundo e duradouro, como mostra sua correspondência. Fraternura, como bem diz o neologismo de Guimarães Rosa. O fato mais importante dessa relação literária foi que Baudelaire encontrou uma alma com quem se identificou até a obsessão, segundo alguns autores. Identificação tanto no plano da vida atormentada e maldita quanto no plano do ideal estético.

Mais do que uma tarefa literária, foi o desejo de fazer justiça a Poe, entre os franceses e outros povos europeus, que levou Baudelaire a empreender, com o ardor de um São Jerônimo, a tradução da obra em prosa de Edgar Poe. Quanto à obra poética do grande escritor americano, limitou-se a louvá-la, não ousando traduzi-la.

A respeito do método de tradução que utilizou, deixou o seguinte comentário:

"É preciso, sobretudo, ater-se ao texto literal; certas coisas se teriam tornado obscuras caso eu tivesse querido parafrasear meu autor em lugar de manter-me preso servilmente ao pé da letra. Preferi usar um francês difícil, por vezes barroco, a fim de dar, em toda a verdade, a técnica filosófica de Edgar Poe".

Na presente tradução, esforcei-me por seguir esse mesmo método, guardando, tanto quanto possível, a sintaxe complexa que dá o tom retórico característico desses textos.

Este trabalho aparece sob a forma de livro, sobretudo pela convicção de que continua sendo importante estudar o grande poeta francês sob suas mais variadas facetas. Espero que os críticos mais severos levem isso em consideração.

Lúcia Santana Martins

EDGAR POE: REVELAÇÃO MAGNÉTICA[1]

Introdução

(*La Liberté de Penser*, 15 de julho de 1848.)

Falou-se bastante, nestes últimos tempos, de Edgar Poe. O fato é que ele merece. Com um volume de novelas, essa reputação cruzou os mares. Ele espantou, sobretudo, mais que emocionou e entusiasmou. O mesmo acontece, geralmente, com os romancistas que não caminham senão apoiados sobre um método criado por eles próprios e é conseqüência mesmo de seu temperamento. Não creio que seja possível encontrar um romancista forte que não tenha operado a criação de seu método, um antes, cuja sensibilidade primitiva não esteja refletida e transformada numa arte certa. Os

[1] Esta introdução precede a primeira tradução que Baudelaire fez de um conto de Poe, a qual será inteiramente refeita antes de ser incluída nas *Histoires Extraordinaires*. A única opinião crítica que contém é sobre a noção de unidade, que Baudelaire, pouco familiarizado com a teoria metafísico-poética de Poe, compara à idéia de unificação da obra em Balzac.

romancistas fortes são também mais ou menos filósofos: Diderot, Laclos, Hoffman, Goethe, Jean-Paul, Maturin, Honoré de Balzac, Edgar Poe. Observem que eu os tomo de todos os feitios e dos mais contrastantes. Isso é verdade de todos, mesmo de Diderot, o mais temerário e aventureiro, que se aplicou, por assim dizer, em anotar e regrar a inspiração; que aceitou de início, e depois de partido tomado, utilizar sua natureza entusiasta, sangüínea e turbulenta. Vejam Sterne, o fenômeno é evidente de uma outra maneira e também, de outra forma, digno de mérito. Esse homem fez o seu método. Toda essa gente, com vontade e boa-fé infatigável, decalca a natureza, a pura natureza. – Qual? – A deles. Também são eles, geralmente, mais espantosos e originais que os simples imaginativos que são completamente privados de espírito filosófico e que acumulam e alinham os acontecimentos sem classificá-los e sem explicar o sentido misterioso. Disse que eram espantosos. Digo mais: é que eles visam, geralmente, ao espantoso. Nas obras de vários dentre eles, vê-se a preocupação com um perpétuo sobrenaturalismo. Isto se deve, como disse, a esse espírito primitivo de *chercherie*, que me perdoem o barbarismo, a esse espírito inquisitorial, espírito de juiz de instrução que tem talvez raízes nas mais remotas impressões da infância. Outros, naturalistas furiosos, examinam a alma com uma lupa, como médicos o corpo, e queimam os olhos a procurar a jurisdição. Outros, de um gênero misto, procuram fundir esses dois sistemas numa misteriosa unidade. Unidade do animal, unidade de fluido, unidade da matéria primeira, todas essas teorias recentes caíram por vezes por um acidente singular na cabeça dos poetas, ao mesmo tempo que na cabeça dos sábios. Assim, para concluir, surge sempre um momento em que os romancistas do tipo de que falava se tornam ciumentos dos filósofos e dão, eles também, seu sistema de constituição natural, por vezes mesmo com certa imodéstia, que tem seu charme e frescor. Conhece-se Séraphitus, Louis Lambert e uma multidão de passagens de outros livros onde Balzac, esse grande espírito devorado pelo legítimo orgulho enciclopédico, tentou fundir, num sistema unitário e definitivo, diferentes idéias tiradas de Swedenborg, Mesmer, Marat, Goethe e Geoffrey Saint-Hilaire. A idéia de unidade também perseguiu Edgar Poe e ele não despendeu menos esforços que Balzac nesse sonho acariciado. É certo que esses espíritos especialmente literários fazem, quando eles se metem nisso, singulares cavalgadas através da filosofia. Eles fazem clareiras súbitas e dão escapadas bruscas por atalhos que lhes são bem próprios.

Para resumir, direi então que os três caracteres dos romancistas curiosos são: 1) um método particular; 2) o espantoso; 3) a mania filosófica — três características que constituem de resto sua superioridade. A peça de Edgar Poe que se vai ler é de um raciocínio por vezes excessivamente sutil, de outras vezes obscuro e, de tempos em tempos, singularmente audacioso. É preciso tomar seu partido e digerir a coisa tal qual ela é. É preciso, sobretudo, ater-se a seguir o texto literal. Certas coisas, de outra forma, se tornariam obscuras se tivesse querido parafrasear meu autor em lugar de me ater servilmente ao pé da letra. Prefiro escrever um francês penoso e por vezes barroco, e dar em toda sua verdade a técnica filosófica de Edgar Poe.

Não é preciso dizer que *La Liberté de Penser* não se declara absolutamente responsável pelas idéias do romancista americano, e que ela simplesmente acreditou agradar a seus leitores oferecendo-lhes esta alta curiosidade científica.

NOTAS SOBRE OBRAS DE POE

Berenice

O trecho que damos a nossos leitores é tirado das obras de Edgar Allan Poe. Data dos primeiros tempos de sua vida literária. Edgar Poe, que se poderia chamar a cabeça forte dos Estados Unidos, morreu em 1849, aos 37 anos. Morreu, por assim dizer, na sarjeta: uma manhã, os agentes de polícia o recolheram e o levaram ao hospital de Baltimore. Ele deixou a vida – como Hoffmann, Balzac e tantos outros – no momento em que começava a ter consciência de seu terrível destino. Para ser inteiramente justo, é preciso eximir de responsabilidade por uma parte de seus vícios, especialmente por seu alcoolismo, a severa sociedade em que a Providência o encerrou.

Todas as vezes que o sr. Poe foi feliz, ou quase tranqüilo, ele foi o mais amável e sedutor dos homens. Esse excêntrico e tempestuoso escritor não teve outra real consolação em sua vida senão o devotamento angélico da mãe de sua mulher, a senhora Clemm, a quem todos os corações solitários prestarão uma homenagem legítima.

Edgar Poe não é especialmente um poeta e um romancista; ele é poeta, romancista e filósofo. Ele tem o caráter duplo de iluminado e de sábio. Que ele tenha feito algumas obras más e apressadas, isso não tem nada de surpreendente, e sua terrível vida o explica. Mas o que tornará seu elogio eterno é a preocupação de todos os assuntos realmente importantes, e os únicos dignos da atenção de um homem espiritual: probabilidades, doenças do espírito, ciências conjecturais, esperanças e cálculos sobre a vida ulterior, análise dos excêntricos e dos párias da vida sublunar, bufonarias diretamente simbólicas. Acrescentem a essa ambição eterna e ativa de seu pensamento uma rara erudição, uma imparcialidade espantosa e antitética relativamente a sua natureza subjetiva (uma extraordinária potência de dedução e de análise) e a tenacidade habitual de sua literatura, e não parecerá surpreendente que o tenhamos chamado a *cabeça forte* de seu país. É a idéia obstinada de utilidade — ou, antes, uma curiosidade encarniçada — que distingue o sr. Poe de todos os românticos do continente, ou, se o preferirem, de todos os sectários da escola dita romântica.

Até agora, o sr. Poe não era conhecido senão pelo "Escaravelho de Ouro", pelo "Gato Preto" e O Assassinato da Rua Morgue", traduzidos num excelente sistema de tradução positiva pela sra. Isabelle Meunier, e a *Revelação Magnética*, traduzida na *Liberté de Penser* pelo sr. Charles Baudelaire, que acaba de publicar nos dois últimos volumes da *Revue de Paris* uma apreciação muito clara da vida e do caráter do infortunado Poe, a quem devemos a comunicação deste trecho.

As principais obras do sr. Poe são: *The Tales of the Grotesque and the Arabesque*, que se poderia traduzir por "Grotescos e Arabescos", um volume de contos publicado por Wiley e Putnam, em Nova York, um volume de poesias, *The Liberati (sic), Eureka, Arthur Gordon Pym*, e uma quantidade considerável de críticas muito agudas sobre escritores ingleses e americanos.

Filosofia do Mobiliário

Qual dentre nós não experimentou um delicioso prazer em construir, nas longas horas de lazer, um apartamento-modelo, um domicílio ideal, um lugar para sonhar? Cada um, segundo seu temperamento, misturou a seda e o ouro, a madeira e o metal, atenuou a luz do sol ou aumentou o brilho artificial das lâmpadas, inventou mesmo novas formas de móveis ou acumulou as formas antigas.

O artigo que oferecemos a nossos leitores é de um grande escritor americano, desconhecido na França, e um pouco mal conhecido nos Estados Unidos. Edgar Poe viveu dolorosamente, morreu mais tristemente ainda. Vários de seus compatriotas não falam nele senão com um certo amargor, de tal forma o jovem colosso norte-americano tem a epiderme sensível e, mesmo em questões menos importantes, ele suporta dificilmente a brincadeira. Fenimore Cooper o sentiu bem. Axiomas cruéis – tais como: "os ianques vão sozinhos à marcha à ré"; "nós afogamos na ostentação todas as noções de gosto"; "o custo de um artigo de mobiliário tornou-se entre nós o único critério de seu mérito"; "a corrupção do gosto é uma operação paralela à multiplicação do dólar"– e as piadas violentas sobre o frenesi dos espelhos, do vidro e do gás nos apartamentos aristocráticos norte-americanos são certamente difíceis de digerir por uma nação *parvenue*. Entretanto, não nos podemos impedir de sorrir vendo que nosso autor, dominado por sua imaginação quase oriental, cai um pouco no defeito que ele censura em seus compatriotas. E esse quarto que ele nos apresenta como um ideal de simplicidade poderá parecer a muita gente como um modelo de suntuosidade.

(C.B.)

Aventura Sem Par de um Certo Hans Pfaal

A "Aventura Sem Par de um Certo Hans Pfaal" foi impressa pela primeira vez no *Southern Literary Messenger*, a primeira revista literária que Poe dirigiu, em Richmond. Ele tinha então 23 anos. Na edição póstuma de suas obras — que, seja dito de passagem, está longe de ser completa — se encontra uma nota muito singular após o Hans Pfall de que eu quero fazer a análise e que mostrará aos leitores que essa publicação motivou uma das infantilidades desse grande gênio.

Poe passa em revista diferentes obras que têm todas o mesmo tema — uma viagem à Lua, uma descrição da Lua —, obras paródicas, ou, como dizem esses americanos que tanto amam ser enganados, *hoaxes*. Poe se dá ao trabalho de demonstrar o quanto essas obras são inferiores à sua, porque lhes falta o caráter mais importante (direi logo, qual).

Ele começa citando a *Moon Story* ou *Moon Hoax*, do sr. Locke, que não é outra coisa, eu presumo, que esses infelizes *Animais na Lua* — os quais, há 20 anos mais ou menos, fizeram tanto barulho em nosso continente já bastante americano. Ele começa por estabelecer que seu *jeu d'esprit* foi publicado na *Southern Literary Messenger* três semanas antes que o sr. Locke publicasse sua história no *New York Sun*. Alguns jornais acolheram e publicaram simultaneamente as duas obras, e Poe se ofende, com toda razão, com esse parentesco imposto.

Para que o público tenha podido engolir a *Moon Hoax* do sr. Locke, é preciso que sua ignorância astronômica ultrapasse a verossimilhança.

A potência do telescópio do sr. Locke não pode aproximar a Lua, situada a 240.000 milhas da Terra, suficientemente para lá ver animais, flores, para distinguir a forma e a cor dos olhos dos pequenos pássaros, como faz Herschell, o herói da farsa do sr. Locke. Enfim, as lentes de seu telescópio foram fabricadas pelos srs. Hartley e Grant; ora, diz Poe de uma maneira triunfal, esses senhores haviam cessado toda operação comercial vários anos antes da publicação do *hoax*.

A propósito de uma espécie de cortina de pêlos que cobre os olhos de uma visão lunar, Herschell (Locke) pretende que é uma espécie de previsão da Natureza para proteger os olhos dos animais contra as violentas alternâncias de luz e de escuridão a que são submetidos os habitantes do lado da Lua que olha nosso planeta. Mas essas alternâncias não existem; esses habitantes, se existem, não podem conhecer as trevas. Na ausência do Sol, eles são iluminados pela Terra.

Sua topografia lunar põe, por assim dizer, o coração à direita. Ela contradiz todos os mapas e se contradiz a si mesma. O autor ignora que sobre uma carta lunar o Oriente deve estar à esquerda.

Iludido por nomes vagos, tais como Mare Nubium, Mare Tranquilitatis, Mare Fecunditatis, que os antigos astrônomos deram às manchas da Lua, o sr. Locke entra em pormenores sobre os mares e as massas líquidas da Lua. Ora, é um ponto comprovado da Astronomia que eles não existem.

A descrição das asas de seu homem-morcego é um plágio dos voadores insulares de Peter Wilkins. O sr. Locke diz em algum lugar: "Que prodigiosa influência nosso globo, treze vezes maior, deve ter exercido sobre o satélite, quando este não era mais que um embrião nas entranhas do tempo, o sujeito passivo de uma afinidade química!" É muito sublime; mas um astrônomo não teria dito isso, e sobretudo não o teria escrito num jornal científico de Edimburgo. Pois um astrônomo sabe que a Terra — no sentido usado na frase — não é treze, mas quarenta e nove vezes maior que a Lua.

Mas eis uma observação que caracteriza bem o espírito analítico de Poe. "Como", diz ele, "Herschell vê os animais distintamente, os descreve minuciosamente, formas e cores! Eis aí o caso de um falso observador! Ele não sabe seu papel e fabrica peças. Pois, qual é a coisa que deve imediatamente, antes de tudo, atrair, chocar a visão de um verdadeiro observador, caso ele visse animais na Lua – bem que isso ele pode prever: 'Eles andam com os pés para o alto e a cabeça para baixo, como moscas no teto'!" Com efeito, eis o grito da Natureza.

As imaginações relativas aos vegetais e aos animais não são de forma alguma baseadas na analogia; as asas do homem-morcego não podem sustentá-lo numa atmosfera tão rarefeita quanto a da Lua; a transfusão de uma luz artificial através do objetivo é um puro anfiguri – se não se tratasse senão de ter telescópios bastante potentes para ver o que se passa num corpo celeste, o homem teria tido êxito, mas é preciso que esse corpo seja suficientemente iluminado, e, quanto mais ele está distante, mais a luz é difusa etc.

Eis a conclusão de Poe, que não é pouco curiosa para as pessoas que amam escrutar o gabinete de trabalho de um homem de gênio – os papéis quadrados de Jean-Paul embrochurados num fio, as provas aracnídeas de Balzac, as manchetes de Buffon etc.

"Nesses diferentes opúsculos, o fim é sempre satírico; o tema, uma descrição dos costumes lunares postos em paralelo com os nossos. Mas em nenhum caso eu vejo o esforço para tornar plausíveis os pormenores da viagem ela mesma. Todos os autores parecem absolutamente ignorantes em matéria de Astronomia; em "Hans Pfaal" o objetivo é original, na medida em que representa um esforço rumo à verossimilhança (verossimilitude), na aplicação de princípios científicos (tanto quanto o permite a natureza fantástica do assunto), à travessia efetiva da Terra à Lua."

Eu permito que o leitor sorria – eu mesmo sorri mais de uma vez surpreendendo as idéias fixas de meu autor. As miudezas de toda grandeza não são sempre, para um espírito imparcial, um espetáculo tocante? É realmente singular ver um cérebro tão profundamente germânico e, ao mesmo tempo, tão seriamente oriental trair em certos momentos o americanismo de que está saturado.

Mas, tomando-as devidamente, a admiração tornar-se-á mais forte. Quem, pergunto eu, quem dentre nós – eu falo dos mais robustos – teria ousado aos 23 anos, na idade em que se aprende a ler, dirigir-se à Lua, equipado de noções astronômicas e físicas suficientes, e defrontar-se imperturbavelmente com a idéia fixa ou, antes, com o hipogrifo suspicaz da *verossimilitude*?

(C.B.)

A Gênese de um Poema

A poética foi feita (nos era dito) e modelada segundo os poemas. Eis um poeta que pretende que seu poema tenha sido composto segundo sua poética. Ele tinha certamente um grande gênio e mais inspiração que quem quer que seja – se por inspiração se entende a energia, o entusiasmo intelectual e a capacidade de ter suas faculdades despertas. Mas ele amava também o trabalho mais que nenhum outro. Ele repetia de bom grado – ele, um original rematado – que a originalidade é coisa de aprendizado, o que não quer dizer uma coisa que pode ser transmitida pelo ensino. O acaso e o incompreensível eram seus grandes inimigos. Teria ele se feito, por uma vaidade estranha e brincalhona, bastante menos inspirado do que o era naturalmente? Diminuiu ele a faculdade gratuita que estava nele para tornar mais bela a vontade? Eu seria muito levado a crê-lo; embora, não obstante, seja preciso não esquecer que seu gênio, por mais ardente e ágil que fosse, estava apaixonadamente tomado pela análise, pela combinação e pelo cálculo. Um de seus axiomas preferidos era este: "Tudo, num poema como num romance, num soneto como numa novela, deve concorrer para o desenlace. Um bom autor tem já a última linha em vista quando escreve a primeira". Graças a esse admirável método, o compositor pode começar sua obra pelo fim, e trabalhar, quando lhe agrada, em não importa que parte. Os amantes do delírio provavelmente se revoltarão contra essas máximas cínicas; mas cada um pode tomar dela o que desejar. Será sempre útil mostrar-lhes que benefícios a arte pode tirar da deliberação, e fazer ver à gente do mundo que trabalho exige esse objeto de luxo que se chama poesia.

Depois de tudo, um pouco de charlatanismo é sempre permitido ao gênio, e mesmo não lhe faz mal. É como a pintura sobre o rosto de uma mulher naturalmente bela: um condimento novo para o espírito.

Poema singular entre todos. Ele rola sobre uma palavra misteriosa e profunda, terrível como o infinito, que milhares de bocas crispadas repetiram desde o princípio das idades, e que, por um trivial hábito de desespero, mais de um sonhador escreveu sobre o canto de sua mesa para experimentar a pena: *Nunca mais*! Desta idéia, a imensidade, fecundada pela destruição, está cheia de alto a baixo, e a humanidade, não-embrutecida, aceita de bom grado o Inferno para escapar ao desespero irremediável contido nestas palavras.

Na elaboração da prosa aplicada à poesia, há necessariamente uma terrível imperfeição; mas o mal seria ainda maior numa macaquice rimada. O leitor compreenderá que me é impossível dar-lhe uma idéia exata da sonoridade profunda e lúgubre, da potente monotonia desses versos, cujas rimas longas e triplas soam como um doble de melancolia. Esse é bem o poema da insônia, do desespero. Nada nele falta: nem a febre das idéias, nem a violência das cores, nem o raciocínio doentio, nem o terror gagá, nem mesmo essa alegria bizarra da dor que a torna mais terrível. Escutem cantar em suas memórias as estrofes mais plangentes de Lamartine, as rimas mais magníficas e complicadas de Victor Hugo; acrescentem aí os tercetos mais sutis e os mais compreensíveis de Théophile Gautier – de *Ténèbres,* por exemplo, esse rosário de tremendos *concetti* sobre a morte e o nada, onde a rima tripla se adapta tão bem à melancolia obsessiva – e terão, talvez, uma idéia aproximada dos talentos de Poe enquanto versificador, pois é supérfluo, eu penso, falar de sua imaginação.

Mas ouço o leitor que murmura como Alceste: "Nós o veremos!" Eis, portanto, o poema.

O Corvo

Em certo dia, à hora, à hora
Da meia-noite que apavora,
Eu, caindo de sono e exausto de fadiga,
Ao pé de muita lauda antiga,
De uma velha doutrina, agora morta,
Ia pensando, quando ouvi à porta
Do meu quarto um soar devagarinho,
E disse estas palavras tais:
"É alguém que me bate à porta de mansinho;
"Há de ser isso e nada mais".

Ah! bem me lembro! bem me lembro!
Era no glacial dezembro;
Cada brasa do lar sobre o chão refletia
A sua última agonia.
Eu, ansioso pelo sol, buscava
Sacar daqueles livros que estudava
Repouso (em vão!) à dor esmagadora
Destas saudades imortais
Pela que ora nos céus anjos chamam Lenora,
E que ninguém chamará mais.

Agora, vejamos o camarim, o ateliê, o laboratório, o mecanismo interior, conforme queiram qualificar o *Método de composição*. ...

Eureka

1. Nota do Tradutor

As últimas páginas do livro indicam ao leitor o sentido que se deve atribuir à expressão "vida eterna", que é empregada nas últimas linhas do prefácio.

A expressão é tomada num sentido panteísta, e não no aspecto religioso que comporta ordinariamente. A "vida eterna" significa, portanto, aqui: a série indeterminada das existências de Deus, seja no estado de concentração, seja no estado de disseminação.

2. Nota-propaganda para a publicação de EUREKA.

A editora dos irmãos Michel Lévy acaba de pôr à venda *Eureka*, de Edgar Poe, na tradução de Charles Baudelaire. Os numerosos leitores das *Histórias Extraordinárias* e das *Aventuras de Arthur Gordon Pym* sabem com que sutileza o gênio de Edgar Poe brinca com os assuntos mais abstratos e mistura a mais ardente imaginação às fontes fornecidas pela ciência. Em *Eureka*, Edgar Poe quis encerrar, da maneira mais breve, a história da criação e da destruição do Universo. Era, senão o seu livro preferido, pelo menos um daqueles a que atribuía maior importância, tal como o testemunha uma curiosa carta dele que serve de prefácio à presente edição francesa.

3. Advertência do Tradutor

Aos sinceros apreciadores dos talentos de Edgar Poe, direi que considero minha tarefa como terminada, embora eu tivesse tido o prazer, para agradá-los, de aumentá-la ainda. As duas séries das *Histórias Extraordinárias* e das *Novas Histórias Extraordinárias* e as *Aventuras de Arthur Gordon Pym* bastam para apresentar Edgar Poe sob seus diversos aspectos enquanto contista visionário, ora terrível, ora gracioso, alternativamente irônico e meigo, sempre filósofo e analista, amante da magia da verossimilhança absoluta, autor da chocarrice mais desinteressada. *Eureka* lhes mostrou o ambicioso e sutil raciocinador. Se minha tarefa pudesse ser continuada com fruto num país como a França, restar-me-ia mostrar Edgar Poe poeta e Edgar Poe crítico literário. Todo verdadeiro apreciador de poesia reconhecerá que o primeiro desses deveres é quase impossível de preencher, e minha muito humilde e devotada faculdade de tradutor não me permite suprir as volúpias ausentes do ritmo e da rima. Àqueles que sabem adivinhar bastante, os fragmentos de poesia inseridos nas *Histórias*, tais como "O Verme Vencedor", em *Ligéia*, "O Palácio Assombrado", na *Queda da Casa de Usher*, e o poema tão misteriosamente eloqüente "O Corvo" bastarão para fazê-los entrever todas as maravilhas do poeta puro.

Quanto ao segundo gênero de talento, a crítica, é fácil compreender que aquilo que eu poderia chamar de *Conversas de segunda-feira* de Edgar Poe teriam pouca chance de agradar a esses parisienses levianos, pouco preocupados com querelas literárias que dividem um grupo jovem ainda, e fazem, em literatura como em política, o Norte inimigo do Sul.

Para concluir, direi aos franceses, amigos desconhecidos de Edgar Poe, que estou orgulhoso e feliz de ter introduzido em suas memórias um gênero novo de beleza. E, também, por que não confessarei que o que sustentou minha vontade foi o prazer de lhes apresentar um homem que se parece um pouco comigo, em certos pontos, isto é, uma parte de mim mesmo?

Virá em breve um tempo, estou autorizado a crê-lo, em que os editores da edição popular francesa das obras de Edgar Poe sentirão a gloriosa necessidade de produzi-las sob uma forma material mais sólida, mais digna das bibliotecas de amadores, e numa edição onde os fragmentos que as compõem serão classificados mais analogicamente e de maneira definitiva.

A MARIA CLEMM[1]

Em Milford, Connecticut (Estados Unidos)

Há muito tempo, senhora, que eu desejava alegrar vossos olhos maternais com esta tradução de um dos maiores poetas deste século; mas a vida literária é cheia de sobressaltos e impedimentos e temo que a Alemanha me tome a frente no cumprimento desta piedosa homenagem à memória de um escritor que, como os Hoffmann, os Jean-Paul, os Balzac, é menos de seu país que cosmopolita. Dois anos antes da catástrofe que ceifou horrivelmente uma existência tão plena e tão ardente, eu me esforçava já para fazer conhecer Edgar Poe aos literatos de meu país. Mas, então, a tempestade permanente de sua vida era para mim coisa desconhecida; eu ignorava que essas vegetações luxuriantes eram o produto de uma terra vulcanizada. E quando, hoje, comparo a idéia falsa que eu fazia de sua vida com o que ela foi realmente, o Edgar Poe que minha imaginação havia criado – rico, feliz, um jovem cavalheiro de gênio, vagando por

[1] Esta carta foi publicada no jornal *Le Pays*, em 25 de julho de 1854.

vezes pela literatura em meio às mil ocupações de uma vida elegante – com o verdadeiro Edgar – o pobre Eddie, aquele que vós amastes e socorrestes, aquele que eu farei a França conhecer –, esta irônica antítese me enche de um enternecimento intransponível. Vários anos se passaram e seu fantasma tem sempre me obsedado. Hoje, não é apenas o prazer de mostrar suas belas obras que me possui, mas também o de escrever por cima o nome da mulher que foi para ele sempre tão boa e tão doce. Tal como vossa ternura pensava suas feridas, ele, por sua vez, embalsamará vosso nome com sua glória.

Vós lereis o trabalho que compus sobre sua vida e suas obras; vós me direis se eu compreendi bem seu caráter, suas dores e a natureza especial de seu espírito; se me enganei, vós me corrigireis. Se a paixão me fez errar, vós me retificareis. De vossa parte, senhora, tudo será recebido com respeito e reconhecimento, mesmo a censura delicada que pode suscitar em vós a severidade que empreguei para com vossos compatriotas, sem dúvida para aliviar um pouco o ódio que inspiram à minha alma livre as sociedades mercantilistas e fisiocráticas.

Eu devia esta homenagem pública a uma mãe cuja grandeza e bondade honram o mundo das letras tanto quanto as maravilhosas criações de seu filho. Eu seria mil vezes feliz se um raio provindo dessa caridade, que foi o sol de sua vida, pudesse, através dos oceanos que nos separam, recair sobre mim e me reconfortar com seu calor magnético.

Adeus, senhora; dentre as diferentes saudações e fórmulas de cumprimento que podem terminar uma missiva de alma a alma, não conheço outra que exprima melhor os sentimentos que a vossa pessoa me inspira: “bondade, bondade”.

Ch. Baudelaire

Esta tradução é dedicada
a Maria Clemm,
à mãe entusiasta e devotada,
àquela para quem o poeta escreveu estes versos.(2)

Pois que sinto que, lá nos altos Céus,
Os Anjos, quando se falam docemente ao ouvido,
Não encontram, entre suas palavras ardentes de amor,
Expressão mais fervorosa que a de mãe,
Eu vos tenho há muito justamente chamado desse grande nome,
Vós que sois mais que uma mãe para mim
E encheis o santuário de meu coração onde a Morte vos instalou
Redimindo a alma de minha Virgínia.
Minha mãe, minha própria mãe, que morreu em boa hora,
Não era mãe senão para mim; mas vós,
Vós sois a mãe daquela que eu amava tão terrenamente,
E assim vós me sois mais cara que a mãe que conheci
De um modo infinito – tal como minha mulher
Era mais querida à minha alma, que esta à sua própria essência.

(2) Esta dedicatória estava no frontispício das *Histoires Extraordinaires*, Michel Lévy, 1856.

EDGAR ALLAN POE, SUA VIDA E SUAS OBRAS[1] (1852)

I

Existem destinos fatais; há, na literatura de cada país, homens que levam a palavra *azar* escrita em caracteres misteriosos nas pregas sinuosas de suas testas. Há algum tempo conduziu-se, perante os tribunais, um infeliz que tinha sobre a testa uma tatuagem singular: *sem sorte*. Ele levava, assim, consigo por toda parte a etiqueta de sua vida, como um livro o título, e o interrogatório provou que sua existência se havia conformado a esse escrito[2]. Na história literária há fortunas análogas. Dir-se-ia que o Anjo cego da expiação se apoderou de certos homens e os chicoteia impiedosamente para a edificação dos demais. Não obstante, vós percorreis atentamente suas vidas e lhes encontrais virtudes, talentos, graça. A sociedade os atinge com um anátema especial e alega contra eles vícios que a sua perseguição lhes deu. O que não fez Hoffmann para desarmar seu destino? O que não empreendeu Balzac para conjurar a fortuna?

Hoffmann foi obrigado a entortar a espinha dorsal no momento tão desejado em que começava a estar ao abrigo da necessidade, em que as livrarias disputavam seus contos, em que ele possuía, por fim, aquela querida biblioteca tão sonhada. Balzac tinha três sonhos: uma grande edição bem ordenada de suas obras, a liquidação de suas dívidas e um casamento há muito acalentado e acariciado no fundo de seu espírito. Graças a trabalhos cujo montante aterra a imaginação mais ambiciosa e laboriosa, a edição se fez, as dívidas foram pagas, o casamento se realizou. Balzac, sem dúvida, está feliz. Mas o destino malicioso que lhe havia permitido pôr um pé na terra prometida lhe arrancou tudo, violenta e subitamente. Balzac teve uma agonia horrível e digna de suas forças.

Há, então, uma Providência diabólica que prepara a infelicidade desde o berço? Tal homem, cujo talento sombrio e desolado nos faz medo, foi lançado com *premeditação* num meio que lhe era hostil. Uma alma terna e delicada, um Vauvenargues[(3)], lança lentamente suas folhas doentias na atmosfera grosseira de um batalhão. Um espírito amante do ar e apaixonado pela Natureza se debate por muito tempo por trás das paredes sufocantes de um seminário[(4)]. Esse talento bufão, irônico e ultragrotesco, cujo riso parece às vezes um arroto ou um soluço, foi engaiolado em vastos escritórios povoados por homem de lunetas de ouro[(5)]. Há, então, almas votadas ao altar, sagradas, por assim dizer, e que devem caminhar para a morte e a glória por meio de um sacrifício permanente delas mesmas? O pesadelo das *Ténè-bres* envolverá sempre essas almas escolhidas? Em vão elas se defendem, tomam todas as precauções, aperfeiçoam a prudência. Tampemos todas as saídas, fechemos a porta com duas voltas de chave, calafetemos as janelas. Oh! esquecemos o furo da fechadura, o Diabo já entrou.

Seu próprio cachorro os morde e lhes transmite a raiva.
Um amigo jurará que eles traíram o rei[6].

Alfred de Vigny escreveu um livro[7] para demonstrar que o lugar do poeta não é nem numa república, nem numa monarquia absoluta, nem numa monarquia constitucional. E ninguém lhe respondeu.

É uma lamentável tragédia a vida de Edgar Poe, a qual teve um desfecho onde o horrível é aumentado pelo trivial. Os diversos documentos que acabo de ler criaram em mim a convicção de que os Estados Unidos foram para Poe uma vasta gaiola, um grande estabelecimento de contabilidade, e que ele fez toda a sua vida esforços sinistros para escapar à influência dessa atmosfera antipática. Em uma de suas biografias diz-se que, se o sr. Poe tivesse querido regularizar seu gênio e aplicar suas faculdades criadoras de uma maneira mais apropriada ao solo norte-americano, teria podido ser um autor bem-sucedido, *a making money author*; que, afinal de contas, os tempos não são tão duros para o homem de talento, desde que ele tenha ordem e economia e use, com moderação, os bens materiais. Em outra parte, um crítico afirma, sem pudor, que, por belo que seja o gênio do sr. Poe, teria sido melhor para ele não ter senão talento, porque o talento rende mais facilmente que o gênio. Em uma nota, que veremos em breve e que foi escrita por um de seus amigos, confessa-se que era difícil empregar o sr. Poe numa revista e se era obrigado a pagar-lhe menos que aos outros porque ele escrevia num estilo muito acima do vulgar. Tudo isso me lembra o odioso provérbio paternal: "*Make money, my son, honestly, if you can, but make money*".[8] Que cheiro de armazém!, como dizia J. de Maistre, a propósito de Locke.[9]

Se conversais com um norte-americano, e se vós lhe falais do sr. Poe, ele reconhecerá seu gênio; de bom grado mesmo, talvez com orgulho, mas ele acabará por vos dizer com um tom superior: "Mas eu, eu sou um homem positivo". Depois, com um leve ar sardônico, vos falará da vida desregrada do sr. Poe, de seu hálito alcoolizado que teria ateado fogo à chama de uma vela, de seus costumes errantes. Ele vos dirá que era um ser errático, um planeta desorbitado que rolava sem cessar de Nova York a Filadélfia, de Boston a Baltimore, de Baltimore a Richmond. E se, com o coração já comovido a esse prenúncio de uma existência calamitosa, vós lhe observais que a democracia tem muitos inconvenientes que, malgrado sua máscara benévola de liberdade, ela talvez nem sempre permita a expansão das individualidades, que às vezes é bem difícil pensar a escrever num país onde há 20, 30 milhões de soberanos, que, de resto, vós ouvistes dizer que nos Estados Unidos existia uma tirania bem mais cruel e inexorável que a de um monarca, a da opinião – então, oh!, então, vereis seus olhos se inflamarem e lançarem chispas, a baba do patriotismo ferido subir-lhe aos lábios, e a América, por sua boca, lançará injúrias à metafísica e à Europa, com sua velha mãe. O americano é um ser positivo, orgulhoso de sua força industrial e um pouco ciumento do antigo continente. Quanto a ter piedade de um poeta que a dor e o isolamento podiam tornar louco, não tem tempo para isso. Ele está tão orgulhoso de sua jovem grandeza, tem uma fé tão ingênua na onipotência da indústria, está de tal forma convencido de que ela terminará por comer o Diabo, que tem uma certa piedade por divagações. "Avante", diz ele, "avante e esqueçamos nossos mortos". Ele passaria de bom grado sobre as almas solitárias e livres, e as esmagaria aos pés com tanto descaso quanto suas imensas linhas de ferrovia, as florestas abatidas e seus barcos-monstros, os destroços de um barco incendiado na véspera. Ele tem muita pressa de chegar. O tempo e o dinheiro: tudo está aí.

Algum tempo antes que Balzac descesse ao abismo final lançando as nobres queixas de um herói que tem ainda grandes coisas a fazer, Edgar Poe, que tem mais de um traço em comum com ele, caía atingido por uma morte horrível. A França perdeu um de seus maiores gênios e a América um romancista, um crítico, um filósofo que não era feito para ela. Muitas pessoas ignoram aqui a morte de Edgar Poe, muitas outras acreditaram que era um jovem rico, que escrevia pouco, produzindo suas criações bizarras e terríveis nos lazeres mais risonhos, não conhecendo a vida literária senão por raros e retumbantes sucessos. A realidade foi o contrário.

A família do sr. Poe era uma das mais respeitáveis de Baltimore. Seu avô era *quarter-master-general* na revolução[10], e La Fayette[11] o tinha em alta estima e amizade. A última vez que este foi visitar esse país, suplicou à sua viúva que aceitasse os testemunhos de seu reconhecimento pelos serviços que lhe havia prestado seu marido. Seu bisavô havia esposado uma filha do almirante inglês Mac Bride e, através dele, a família de Poe estava ligada às casas mais ilustres da Inglaterra. O pai de Edgar recebeu uma educação honorável. Tendo se apaixonado violentamente por uma jovem e bela atriz, fugiu com ela e a esposou. Para misturar mais intimamente seu destino ao dela, ele quis também subir ao palco. Mas não tinham, nem um nem outro, o gênio do ofício e viviam de uma maneira bastante triste e precária. Ainda assim, a jovem dama se saía bem com sua beleza e o público encantado suportava seu desempenho medíocre. Em uma de suas turnês, vieram a Richmond, e foi lá que ambos morreram, com poucas semanas de distância um do outro, ambos pela mesma causa: a fome, a penúria, a miséria.

Abandonavam assim à sorte – sem pão, sem abrigo, sem amigo – um pobre pequeno infeliz que, de resto, a Natureza havia dotado de um feitio encantador. Um rico negociante desse lugar, o sr. Allan, foi movido pela piedade. Ele se entusiasmou com esse menino bonito e, como não tinha filhos, adotou-o. Edgar Poe foi assim criado num belo ambiente e recebeu uma educação completa. Em 1816, acompanhou seus pais adotivos numa viagem que fizeram à Inglaterra, Escócia e Irlanda. Antes de retornar a seu país, deixaram-no sob os cuidados do doutor Brandsby, que tinha uma importante casa de educação em Stoke-Newington, perto de Londres, onde ele passou cinco anos.

Todos aqueles que refletiram sobre a própria vida, que freqüentemente lançaram seus olhos para trás a fim de comparar o passado com o presente, todos aqueles que tomaram o hábito de psicologizar facilmente sobre si mesmos sabem que parte imensa a adolescência tem no gênio definitivo de um homem. É então que os objetos lançam profundamente suas marcas no espírito tenro e fácil; é então que as cores são vistosas e os sons falam uma língua misteriosa. O caráter, o gênio, o estilo de um homem é formado pelas circunstâncias em aparências vulgares de sua primeira juventude. Se todos os homens que ocuparam o cenário do mundo tivessem anotado suas impressões de infância, que excelente dicionário psicológico possuiríamos! As cores, o perfil do espírito de Edgar Poe contrastam violentamente com o fundo da literatura norte-americana. Seus compatriotas mal o consideram americano e, entretanto, ele não é inglês. É então de bom alvitre colher de um de seus contos, um conto pouco conhecido, "William Wilson", um relato singular de sua vida nessa escola de Stoke-Newington. Todos os contos de Edgar Poe são, por assim dizer, biográficos. Encontra-se o homem na obra. Os personagens e os incidentes são o quadro e o cortinado de suas lembranças.

> "Minhas mais matinais impressões da vida de colégio estão ligadas a uma vasta e extravagante casa do estilo elisabethano, numa vila brumosa da Inglaterra, onde havia

um grande número de árvores gigantescas e nodosas e onde todas as casas eram excessivamente antigas. Na verdade, essa venerável vila tinha um aspecto fantasmagórico que envolvia e acariciava o espírito como um sonho. Neste momento mesmo, sinto, em imaginação, o calafrio refrescante de suas avenidas profundamente ensombreadas; respiro a emanação de seus jardins e estremeço ainda, com uma indefinível volúpia, à nota profunda e surda do sino, rasgando, a cada hora, com seu gemido súbito e solene, a quietude da atmosfera que escurece e na qual se alonga o campanário gótico, imerso e adormecido.

"Encontro talvez tanto prazer quanto me é dado experimentar agora quando me detenho sobre essas minuciosas lembranças de colégio. Mergulhado na miséria como estou, miséria infelizmente muito real, ser-me-á perdoado buscar um alívio bem ligeiro e curto nesses finos e fugidios pormenores. Por outro lado, por triviais e mesquinhos que sejam em si mesmos, eles ganham, em minha imaginação, uma importância toda particular, devido à íntima conexão com os lugares e a época onde reencontro, agora, as primeiras advertências ambíguas do Destino, que, desde então, me envolveu tão profundamente em sua sombra. Deixai-me pois recordar.

"A casa, eu o disse, era velha e irregular. Os terrenos eram vastos e um alto e sólido muro de tijolos, revestido no topo com pregos e vidro quebrado, os contornava. Essa muralha de prisão formava o limite do nosso domínio. Nossos olhares não podiam ir além senão três vezes por semana; uma vez cada sábado, pela tarde, quando, sob a guia de dois supervisores, nos era permitido fazer curtos passeios em comum através das campinas vizinhas; e duas vezes no domingo, quando, com o cerimonial formal das tropas em parada, íamos assistir aos ofícios da tarde e da manhã na única igreja da vila. O diretor da nossa escola era pastor dessa igreja. Com que profundo sentimento de admiração e perplexidade eu o contemplava do banco onde estávamos sentados, no fundo da nave, quando ele subia ao púlpito com um passo solene e lento! Como esse personagem venerável, com sua fisionomia doce e composta, com sua veste bem lustrada e tão clericalmente ondulante, com sua peruca tão minuciosamente empoada, tão rígido e tão vasto, podia ser o mesmo homem que, há pouco, com um rosto acre e em vestimentas ensebadas, executava, palmatória na mão, as leis draconianas da escola? Oh!, gigantesco paradoxo cuja monstruosidade exclui toda solução!

"Num ângulo do muro maciço havia uma porta maciça; era marchetada de pregos, guarnecida de parafusos e encimada por ferragens. Que sentimentos profundos de temor ela inspirava! Ela jamais se abria senão para as três saídas e entradas periódicas já mencionadas; cada rangimento de seus gonzos poderosos exalava mistério e um mundo de meditações solenes e melancólicas.

"O vasto interior era de uma forma irregular e dividido em várias partes, das quais três ou quatro das maiores constituíam o jardim de recreação; era aplainado e recoberto de um cascalho limpo e duro. Lembro-me bem que não continha nem árvore, nem bancos, nem o que quer que fosse de análogo; ficava atrás da casa. Diante da fachada se estendia um pequeno canteiro semeado de buchos e outros arbustos; mas nós não atravessávamos esse oásis sagrado senão em ocasiões bem raras, tais como a primeira chegada à escola ou a saída definitiva; ou talvez quando um amigo, um parente, nos tendo feito chamar, tomávamos alegremente nosso caminho rumo ao prédio, no Natal e nas férias de São João.

"Mas, a casa!, que belo e velho prédio era aquele! Para mim, era como um verdadeiro palácio de ilusões. Não havia realmente fim para seus desvios e incompreensíveis subdivisões. Era difícil, num dado momento, dizer com certeza qual dos dois andares se apoiava no outro. De um cômodo ao cômodo vizinho era quase sempre certo encontrar três ou quatro degraus para subir ou descer. Depois os corredores laterais eram inumeráveis, inconcebíveis, virando e revirando sobre si mesmos de tal forma que nossas idéias mais exatas, relativamente ao conjunto da edificação, não eram muito diferentes daquelas que tentávamos operar sobre o infinito. Durante os cinco anos de minha residência, jamais fui capaz de determinar com precisão em que ponto distante estava situado o pequeno dormitório que me era designado juntamente com 18 ou 20 outros escolares.[(12)]

"A sala de estudos era a mais vasta de toda a casa, e eu não podia impedir-me de pensar no mundo inteiro. Ela era muito longa, estreita e sinistramente baixa, com janelas em ogiva e teto de carvalho. Num ângulo distante e inspirando terror, havia uma célula quadrada de oito ou dez pés representando o santuário onde se mantinha várias horas a fio nosso diretor, o reverendo doutor Brandsby. Era uma sólida construção, com uma porta maciça que nós não teríamos jamais ousado abrir na ausência do mestre; teríamos todos preferido morrer de dor forte e dura. Em outros ângulos, havia dois outros tablados análogos, alvo de uma veneração bastante menor, é verdade, mas ainda assim de um terror considerável. Um era a cátedra do mestre de estudos clássicos; o outro, do mestre de inglês e de matemáticas. Espalhados através da sala e cruzando-se numa irregularidade sem fim, havia inumeráveis bancos e carteiras, pretos, antigos e usados pelo tempo, desesperadamente esmagados sob livros, bem riscados e esculpidos com letras iniciais, com nomes inteiros, com figuras grotescas e outras obras-primas do canivete, de tal forma que haviam perdido inteiramente a forma que constituía sua pobre individualidade nos velhos dias. Num extremo da sala, um enorme pote de água e, no outro, um relógio de uma dimensão estupidificante.

"Fechado nos muros maciços dessa venerável academia, passei, sem muita tristeza, os anos do terceiro lustro de minha vida. O cérebro fecundo da infância não exige incidentes do mundo exterior para ocupar-se e divertir-se e a aparente monotonia sinistra da escola tinha excitações mais intensas que aquela que minha juventude ansiosa jamais tirou da luxúria ou que as que minha plena maturidade buscou no crime. Mesmo assim é preciso crer que meu primeiro desenvolvimento mental teve alguma coisa de pouco comum, e mesmo alguma coisa de completamente extracomum. Em geral, os acontecimentos da primeira existência raramente deixam, sobre a humanidade chegada à idade madura, uma impressão bem definida. Tudo é sombra cinzenta e lembrança irregular, mistura confusa de prazeres e dores fantasmagóricas. Quanto a mim, as coisas não foram assim. É preciso que eu tenha sentido, na minha infância, com a energia de um homem, aquilo que hoje encontro estampado sobre minha memória em linhas tão vivas, tão profundas e duráveis quanto as silhuetas das medalhas cartaginesas.

"Ainda assim, quanto a fatos (uso a palavra fatos no sentido restrito da gente do mundo), que pobre colheita para a recordação! O despertar da manhã, a tarde, a ordem de dormir; as lições a aprender, as recitações, os semiferiados periódicos e os passeios, o recreio com suas brigas, seus passatempos, suas intrigas – tudo isso, por uma magia psíquica desde há muito tempo esquecida, estava destinado a envolver um transbordamento de sensações, um mundo rico de incidentes, um universo de emoções variadas e de excitações as mais apaixonantes e fervorosas. Oh!, que belo tempo esse século de ferro!"(13)

Que dizeis deste trecho? O caráter desse homem singular não se revela já um pouco? Quanto a mim, sinto exalar desse quadro de colégio algo como um perfume negro. Sinto aí circular o calafrio dos primeiros anos de claustro. As horas de castigo, a dor da infância doentia e abandonada, o terror do mestre, nosso inimigo, o ódio dos camaradas tirânicos, a solidão do coração, todas essas torturas da adolescência Edgar Poe não as experimentou. Jovem, ele ama a solidão, ou antes, ele não se sente sozinho; ele ama suas paixões. *O cérebro fecundo da infância* torna tudo agradável, ilumina tudo. Vê-se já que o exercício da vontade e o orgulho solitário terão um grande papel em sua vida. E então! Não se pode dizer que ele ama um pouco a dor, que pressente a futura companheira inseparável de sua vida e a chama com uma aspereza lúbrica, como um jovem gladiador? A pobre criança não tem pai nem mãe, mas é feliz: ele se vangloria de ser profundamente marcado *como uma medalha cartaginesa*.

Edgar Poe retornou da casa do doutor Brandsby a Richmond em 1822, e prosseguiu seus estudos sob a direção dos melhores mestres. Era, então, um jovem notável por sua agilidade física e, às seduções de uma beleza singular, ele reunia uma potência de memória poética maravilhosa com a faculdade precoce de improvisar contos. Em 1825, ele entrou para a Universidade de Virgínia, que era então um dos estabelecimentos onde reinava a maior dissipação. O sr. Edgar Poe se distinguiu entre todos os seus condiscípulos por um ardor ainda mais vivo para o prazer. Ele era já um aluno muito recomendável e fazia progressos incríveis nas matemáticas; tinha uma aptidão singular para a Física e as ciências naturais, o que é bom notar de passagem, pois, em várias de suas obras, encontra-se uma grande preocupação científica. Mas, ao mesmo tempo, ele bebia, jogava e fazia tantas estripulias que, finalmente, foi expulso. Com a recusa do sr. Allan de pagar algumas dívidas de jogo, Poe deu uma cabeçada, rompeu com ele e retomou seu vôo rumo à Grécia. Era o tempo de Botzaris(14) e da revolução dos helenos. Chegado a São Petersburgo, sua bolsa e seu entusiasmo estavam um pouco esgotados; ele armou uma briga feia com as autoridades russas, da qual se ignora o motivo. A coisa foi tão longe que se afirma que Edgar Poe esteve em vias de acrescentar a experiência das brutalidades siberianas ao conhecimento precoce que tinha dos homens e das coisas.(15) Por fim, ele se viu muito afortunado em aceitar a intervenção e o socorro do cônsul americano, Henry Middleton, para retornar a seu país. Em 1829, ele entrou para a escola militar de West Point. No intervalo, o sr. Allan, cuja primeira mulher morreu, havia esposado uma dama muito mais jovem que ele. Contava, então, 65 anos. Diz-se que o sr. Poe se conduziu desonestamente com a dama e ridicularizou o casamento. O velho cavalheiro lhe escreveu uma carta muito dura, à qual este respondeu com uma carta ainda mais amarga. A ferida tornou-se incurável e, pouco tempo depois, o sr. Allan morria sem deixar um vintém a seu filho adotivo.

Aqui encontro, nas notas biográficas, palavras muito misteriosas, alusões obscuras e bizarras à conduta de nosso futuro escritor. Muito hipocritamente, e jurando que ele não quer absolutamente dizer nada, que há coisas que é preciso sempre esconder (por quê?), que, em certos grandes casos, o silêncio deve primar sobre a história, o biógrafo lança sobre o sr. Poe uma insinuação muito grave. O golpe é tanto mais perigoso na medida em que permanece suspenso nas trevas. Que diabo quer ele dizer? Quer insinuar que Poe tentou seduzir a mulher de seu pai adotivo? Realmente é impossível adivinhar.

Mas creio já ter prevenido suficientemente o leitor contra os biógrafos americanos. Eles são democratas demais para não odiar seus grandes homens, e a má vontade que perseguiu Poe depois da lamentável conclusão de sua triste existência lembra o ódio britânico que perseguiu Byron.

O sr. Poe deixou West Point sem formar-se e começou a desastrosa batalha da vida. Em 1831, ele publicou um pequeno volume de poesias que foi acolhido favoravelmente pelas revistas, mas que não era comprado. É a eterna história do primeiro livro. O sr. Lowell, um crítico americano, diz que há uma dessas peças, endereçada "à Helena", "um perfume de ambrósia", e que ela não desmereceria a Antologia grega. Essa peça trata das barcas de Nicéia[16], de náiades, da glória e da beleza gregas e da lâmpada de Psiquê. Observemos de passagem o fraco americano, literatura jovem demais para o pastiche. É verdade que, por seu ritmo harmonioso e suas rimas sonoras, cinco versos, dois masculinos e três femininos, ela lembra as felizes tentativas de romantismo francês. Mas vê-se que Edgar Poe estava ainda bem longe de seu excêntrico e fulgurante destino literário.

Não obstante, o infeliz escrevia para os jornais, compilava e traduzia para as editoras, fazia artigos brilhantes e contos para as revistas. Os editores publicavam-nos de boa vontade, mas pagavam tão mal ao jovem homem que ele caiu numa miséria horrorosa. Ele desceu mesmo tão baixo que pôde ouvir "gritar os gonzos das portas da morte". Um dia, um jornal de Baltimore propôs dois prêmios para o melhor poema e o melhor conto em prosa. Um comitê de literatos, do qual fazia parte o sr. John Kennedy, foi encarregado de julgar as produções. Entretanto, eles não se ocupavam de lê-las; a sanção de seus nomes era tudo o que lhes pedia o editor. Enquanto conversavam de uma coisa ou outra, um deles foi atraído por um manuscrito que se distinguia pela beleza, limpeza e nitidez dos caracteres. Ao fim de sua vida, Edgar Poe possuía ainda uma escrita incomparavelmente bela. (Considero essa observação bem americana.) O sr. Kennedy leu uma página apenas e, tendo sido tocado pelo estilo, leu a composição em voz alta. O comitê votou o prêmio por aclamação ao primeiro dos gênios que soube escrever legivelmente. O envelope secreto foi aberto e surgiu o nome, então desconhecido, de Poe.

O editor falou do jovem autor ao sr. Kennedy em termos que lhe deram vontade de conhecê-lo. A fortuna cruel havia dado ao sr. Poe a fisionomia clássica do poeta em jejum. Ela o havia caracterizado tão bem quanto possível para o emprego. O sr. Kennedy contou que encontrou um jovem que as privações haviam emagrecido como um esqueleto, vestido com um redingote que estava, seguindo uma velha tática bem conhecida, abotoado até o queixo, calças em farrapos, botas rasgadas dentro das quais não havia evidentemente meias e, com tudo isso, um ar desafiador, grandes maneiras e olhos chamejantes de inteligência. Kennedy lhe falou como um amigo e o pôs à vontade. Poe lhe abriu o coração, contou-lhe toda sua história, sua ambição, seus grandes projetos. Kennedy foi ao mais premente, conduziu-o a uma loja de roupas e lhe deu vestimentas convenientes; depois, apresentou-lhe pessoas.

Foi nessa época que um certo sr. Thomas White, que havia comprado o *Southern Literary Messenger*, escolheu o sr. Poe para dirigi-lo e deu-lhe 2.500 francos por ano. Imediatamente, este esposou uma jovem que não tinha um tostão. Esta frase não é minha; peço ao leitor que observe o tom de desdém que há nesse "imediatamente": o infeliz já se acreditava rico; e, nesse laconismo, essa secura com a qual é anunciado um acontecimento importante; mas, também, uma jovem sem um tostão! ("*a girl without a cent*!"). Diz-se que, então, a intemperança tomava já uma certa parte na sua vida, mas o fato é que ele encontrou tempo para escrever um grande número de artigos e belos trechos de crítica para o *Messenger*. Depois de dirigi-la por um ano e meio, ele se retirou para a Filadélfia, e dirigiu a *Gentleman's Magazine*. Esse periódico se fundiu um dia na *Graham's Magazine* e Poe continuou a escrever para ela. Em 1840, publicou *The Tales of the Grotesque and Arabesque*. Em 1844, encontramo-lo em Nova York dirigindo o *Broadway Journal*. Em 1845, apareceu a pequena edição, bem conhecida, de Wiley e Putnam, que abrange uma parte poética e uma série de contos. É dessa edição que os tradutores franceses tiraram quase todas as amostras do talento de Edgar Poe que apareceram nos jornais de Paris. Até 1847, ele publicou sucessivamente diferentes obras, das quais falaremos dentro em pouco. Aqui ficamos sabendo que sua mulher morreu num estado de profunda miséria numa localidade chamada Fordham, perto de Nova York. Faz-se uma subscrição entre os literatos de Nova York para ajudar Edgar Poe. Pouco tempo depois, os jornais falam novamente dele como de um homem às portas da morte. Mas, dessa vez, é coisa mais grave – ele tem *delirium tremens*. Uma nota cruel, inserida num jornal dessa época, acusa seu desprezo para com todos aqueles que se diziam seus amigos e o seu desgosto geral do mundo. Não obstante, ganhava dinheiro e seus trabalhos literários podiam mais ou menos sustentar sua vida. Mas encontrei, em algumas confissões dos biógrafos, a prova de que ele teve dificuldades imensas a transpor. Parece que durante os dois últimos anos, quando era visto de tempos em tempos em Richmond, ele escandalizou bastante as pessoas com seus hábitos de bêbado. A dar ouvidos às sempre eternas recriminações a esse propósito, dir-se-ia que todos os escritores dos Estados Unidos são modelos de sobriedade. Mas em sua última visita, que durou cerca de dois meses, foi visto subitamente limpo, elegante, correto, com maneiras encantadoras e belo como o gênio. É evidente que não disponho de informações, e as notas que estão sob meus olhos não são suficientemente inteligentes para dar conta dessas singulares transformações. Talvez encontremos a explicação em uma admirável proteção maternal que envolvia o sombrio escritor e combatia, com armas angélicas, o mau demônio nascido de seu sangue e de suas dores antecedentes.

Nessa última visita a Richmond, ele fez *duas palestras públicas*. É preciso dizer uma palavra sobre essas palestras, que desempenham um grande papel na vida literária dos Estados Unidos. Nenhuma lei se opõe a que um escritor, um filósofo, um poeta, quem quer que saiba falar, anuncie uma palestra, uma dissertação pública sobre um assunto literário ou filosófico. É preciso o aluguel de uma sala. Cada um paga uma quantia pelo prazer de ouvir emitir idéias e frasear orações. O público vem, ou não. Nesse último caso, é uma especulação fracassada como qualquer outra transação comercial aventurosa. Mas, quando a *palestra* deve ser feita por um escritor célebre, há afluência e torna-se uma espécie de solenidade literária. Vê-se que são como as cátedras do Colégio de França postas à disposição de todo mundo. Isso faz pensar em Andrieux, La Harpe, Baour-Lormion, e lembra essa espécie de restauração literária que se fez, após o apaziguamento da Revolução Francesa, nos liceus, ateneus e cassinos.

Edgar Poe escolheu para assunto de seu discurso um tema que é sempre interessante e foi muito debatido entre nós. Anunciou que falaria do "Princípio da Poesia". Existe, já há tempos nos Estados Unidos, um movimento utilitário que quer arrastar a poesia como o resto. Há, lá, poetas humanitários, poetas do sufrágio universal, poetas abolicionistas das leis sobre os cereais e poetas que querem fazer construir *work-houses*. Juro que não faço alusão alguma a pessoas de nosso país. Não é minha culpa se as mesmas disputas e teorias agitam diferentes nações. Em suas palestras, Poe lhes declarou guerra. Ele não sustentava, como certos sectários fanáticos de Goethe e outros poetas anti-humanos, que toda coisa bela é essencialmente inútil; mas propunha, sobretudo, por objeto, a refutação do que chamava espiritualmente "a grande heresia poética dos tempos modernos". Essa heresia é a idéia de utilidade direta. Vê-se que, sob certo ponto de vista, Edgar Poe dava razão ao movimento romântico francês. Dizia: nosso espírito possui faculdades elementares cuja finalidade é diferente. Umas se aplicam a satisfazer a racionalidade; outras percebem as cores e as formas; outras ainda preenchem uma finalidade de construção. A lógica, a pintura, a mecânica são os produtos dessas faculdades. E, como temos nervos para sentir os bons odores, nervos para sentir as belas cores e para deleitar-nos ao contato dos corpos polidos, temos uma faculdade elementar para perceber o belo – ela tem seu fim em si mesma e seus próprios meios. A poesia é o produto dessa faculdade; ela se dirige ao sentido do belo, e não a outro. *Submetê-la ao critério das demais faculdades é injuriá-la*, e ela jamais se aplica a outras matérias que não àquelas que são necessariamente o pasto do órgão intelectual ao qual ela deve sua origem. Que a poesia seja subseqüente e conseqüentemente útil, isso está fora de dúvida, mas não é o seu fim – isso vem "como lambuja"! Ninguém se espanta que uma fábrica, um estaleiro ou qualquer outra construção industrial satisfaça às condições do belo, embora essa não fosse a finalidade principal e ambição primeira do engenheiro ou do arquiteto. Poe "ilustrou" sua tese com diferentes trechos de crítica aplicados aos poetas, seus compatriotas, e por recitações de poetas ingleses. Pediram-lhe a declamação de seu "O Corvo". É um poema que os críticos americanos têm em grande consideração. Eles falam dele como de uma peça de versificação notável, de ritmo amplo e complicado, um sábio entrelaçamento de rimas lisonjeando seu orgulho nacional um pouco invejoso dos feitos europeus. Mas parece que o auditório ficou desapontado pela declamação de seu autor, que não soube fazer brilhar sua obra. Uma dicção pura, mas uma voz surda, uma melopéia monótona, um grande descaso pelos efeitos musicais que sua pena sábia tinha por assim dizer indicado satisfizeram mediocremente aqueles que esperavam ardentemente comparar o leitor com o autor. Não me espanto absolutamente. Observei freqüentemente que poetas admiráveis eram atores execráveis. Isso acontece com freqüência aos espíritos sérios e concentrados. Os escritores profundos não são oradores, felizmente.

Um vasto auditório enchia a sala. Todos aqueles que não tinham mais visto Edgar Poe desde os dias de sua obscuridade acorreram em multidão para contemplar seu compatriota tornado ilustre. Essa bela recepção encheu seu pobre coração de alegria. Ele se encheu de um orgulho bem legítimo e descupável. Mostrava-se de tal forma encantado que falava em se estabelecer definitivamente em Richmond. Corria o boato de que ia casar-se novamente. Todos os olhos se voltavam para uma senhora viúva, tão rica quanto bela, que era uma antiga paixão de Poe – a qual se suspeita seja o modelo original de sua Lenora. Entretanto, era preciso que fosse algum tempo a Nova York para publicar nova edição de seus *Contos*. Além disso, o marido de uma senhora muito rica dessa cidade o chamava para pôr em ordem as poesias de sua mulher, escrever notas em prefácio etc.

Poe partiu portanto de Richmond, mas, logo que se pôs a caminho, queixou-se de estremecimentos e fraquezas. Sentindo-se sempre mal, ao chegar a Baltimore tomou uma pequena quantidade de álcool para refazer-se. Era a primeira vez que esse álcool maldito aflorava a seus lábios desde há vários meses; mas isso foi o suficiente para acordar o Diabo que dormia nele. Um dia de deboche conduziu a um novo ataque de *delirium tremens*, seu velho conhecido. De manhã, homens da polícia o encontraram no chão, num estado de estupor. Como estava sem dinheiro, sem amigos e sem domicílio, levaram-no ao hospital, e foi num dos seus leitos que morreu o autor do "Gato Preto" e de *Eureka*, a 7 de outubro de 1849, aos 37 anos.

Edgar Poe não deixava nenhum parente, exceto uma irmã em Richmond. Sua mulher havia morrido algum tempo antes dele e não tinham filhos. Era uma senhorita Clemm, e ela era um pouco prima de seu marido. Sua mãe era profundamente ligada a Poe. Ela o acompanhou através de todas as suas misérias e foi terrivelmente tocada por seu fim prematuro. O laço que unia suas almas não se afrouxou com a morte de sua filha. Um tão grande devotamento, uma afeição tão nobre, tão inabalável, faz a maior honra a Poe. Certamente aquele que pôde inspirar uma tão grande amizade tinha virtudes e sua pessoa espiritual devia ser bem sedutora.

O sr. Willis publicou uma pequena nota sobre Poe; extraio dela o seguinte trecho:

> "O primeiro conhecimento que tivemos do confinamento do sr. Poe, nessa cidade, nos veio de um apelo que nos foi feito por uma dama que se apresentou a nós como a mãe de sua mulher. Ela procurava emprego para ele. Ela justificou sua conduta explicando-nos que ele estava doente, que sua filha estava enferma e que sua situação era tal que ela havia acreditado dever tomar para si tal iniciativa. A feição dessa dama, que seu devotamento, que o completo abandono de sua vida modesta a uma ternura cheia de mágoas tornava bela e santa, a voz doce e triste com que fazia sua defesa, suas maneiras de uma outra época, mas habitual e involuntariamente grandes e distintas, o elogio e a apreciação que ela fazia dos direitos e dos talentos de seu filho, tudo isso nos revelou a presença de um desses Anjos que se fazem mulheres nas adversidades humanas. Era um rude destino aquele que ela velava e protegia. O sr. Poe escrevia com uma fastidiosa dificuldade e 'num estilo muito acima do nível intelectual comum para que se lhe pudesse pagar bem'. Estava sempre mergulhado em embaraços de dinheiro e, freqüentemente, com sua mulher doente, não podendo suprir sequer as primeiras necessidades da vida. A cada inverno, durante anos, o espetáculo mais tocante que vimos nessa cidade foi o dessa infatigável servidora do gênio, pobre e insuficientemente vestida, indo de jornal em jornal com um poema para vender ou um artigo sobre um

assunto literário. Algumas vezes explicando, às vezes com uma voz entrecortada, que ele estava doente e pedindo por ele, não dizendo outra coisa senão isso: 'Ele está doente', fossem quais fossem as razões que ele tinha para não escrever nada, e jamais, por meio de suas lágrimas e súplicas, permitindo que de seus lábios escapasse uma sílaba que pudesse ser interpretada como uma dúvida, uma acusação ou uma diminuição de confiança no gênio e nas boas intenções de seu filho. Ela não o abandonou após a morte de sua filha. Continuou seu ofício de Anjo, vivendo com ele, cuidando-o, velando-o e protegendo-o e, quando ele era movido pelas tentações, através da sua tristeza e da solidão de seus sentimentos reprimidos, sua abnegação se redobrava no abandono, nas privações e sofrimentos – e ela ainda *pedia* por ele. Se o devotamento da mulher nasce com um primeiro amor e, entretido pelo pensamento humano, glorifica e consagra seu objeto, tal como geralmente se reconhece e se confessa, o que não dizer em favor daquele que inspirou um devotamento como esse, puro, desinteressado e são como a guarda de um espírito!

"Temos sob os olhos uma carta, escrita por essa senhora, na manhã em que soube da morte do objeto desse amor infatigável. Seria o melhor reconhecimento que poderíamos ter por ela, mas copiaremos apenas algumas palavras – essa carta é sagrada como a solidão – para garantir a exatidão do quadro que acabamos de traçar e para juntar força ao apelo que desejaríamos fazer em seu favor:

'Soube esta manhã da morte de meu bem-amado Eddie. Podereis transmitir-me alguns pormenores, algumas circunstâncias?... Oh!, não abandoneis vossa pobre amiga nesta amarga aflição...

Dizei a M*** que venha; tenho de desincumbir-me de um compromisso com ele da parte de meu pobre Eddie... Não tenho necessidade de pedir-vos que anunciem sua morte e que falem bem dele. Sei que o fareis. Mas dizei que filho afetuoso ele era para mim, sua pobre mãe desolada!...'

> “Como essa pobre mulher se preocupa com a reputação de seu filho! Como isso é belo! Como isso é grandioso! Admirável criatura! Tanto quanto o que é livre domina o que é falta, tanto o espírito está acima da carne, tanto sua aflição plana sobre todas as afeições humanas! Possam nossas lágrimas atravessar o oceano, as lágrimas de todos aqueles que, como teu pobre Eddie, são infelizes, inquietos, e que a miséria e a dor levaram muitas vezes ao desregramento, possam elas se juntarem a seu coração! Possam estas linhas, marcadas da mais sincera e da mais respeitosa admiração, agradar a teus olhos maternais! Tua imagem quase divina planará incessantemente acima do martirológio da literatura!”

A morte do sr. Poe causou na América uma real comoção. De diferentes partes da União se elevaram verdadeiros testemunhos de dor. A morte faz, às vezes, perdoar muitas coisas. Ficamos felizes de mencionar uma carta do sr. Longfellow, que lhe faz tanto maior honra quanto Edgar Poe o havia maltratado, e muito:

“Que fim melancólico o do sr. Poe, um homem tão ricamente dotado de gênio! Jamais o conheci pessoalmente, mas sempre tive uma alta estima por sua potencialidade de prosador e poeta. Sua prosa é notavelmente vigorosa, direta, *não obstante abundante*, e seu verso exala um charme particular de melodia, uma atmosfera repleta de verdadeira poesia. A aspereza de sua crítica, sempre a atribuí à irritação de uma natureza ultra-sensível, exasperada por toda manifestação do falso”.

É agradável, com sua “abundância”, o prolixo autor de *Evangelina*. Ele toma, então, Edgar Poe por um espelho?

II

É um grande e útil prazer comparar os traços de um grande homem com suas obras. As biografias, as notas sobre os costumes, os hábitos, o físico dos artistas e dos escritores sempre excitaram uma curiosidade bem legítima. Quem não buscou alguma vez a acuidade do estilo e a nitidez das idéias de Erasmo no desenho de seu perfil, na testa de Diderot o calor e o alvoroço de suas obras, na de Mercier, onde, além disso, um pouco de fanfarronada se mistura à bonomia, a ironia teimosa de Voltaire no seu sorriso persistente, na sua careta de combate, a potencialidade de comando e profecia no olhar lançado ao horizonte, e na sólida figura de Joseph e Maistre, águia e boi ao mesmo tempo? Quem não se dispôs a decifrar a *Comédia Humana* no rosto possante e complicado de Balzac?

O sr. Edgar Poe era de tamanho um pouco abaixo da média, mas toda sua pessoa era solidamente construída; seus pés e mãos eram pequenos. Antes que sua constituição fosse abalada, era capaz de maravilhosos esforços. Dir-se-ia que a Natureza, e creio que isso foi freqüentemente observado, faz a vida bem dura para aqueles de quem ela quer tirar grandes coisas. Com aparências às vezes doentias, eles são talhados como atletas, são tão bons para o prazer como para o sofrimento. Balzac, assistindo aos ensaios de *Ressources de Quinola*, dirigindo-a e desempenhando ele próprio todos os papéis, corrigia as provas de seus livros; ceava com os atores e, quando todo mundo fatigado ia ao sono, ele retornava ligeiramente ao trabalho. Todo mundo sabe que ele teve grandes excessos de insônia e sobriedade. Edgar Poe, em sua juventude, havia se distinguido em todos os exercícios de agilidade e força; isso dizia respeito ao seu talento: cálculos e problemas. Um dia, apostou que partiria de um dos cais de Richmond, que nadaria até sete milhas no rio James, e retornaria a pé no mesmo dia. E o fez. Era um belo dia brilhante de verão, e ele não se comportou nada mal. Fisionomia, gestos, passos, movimentos de cabeça – tudo o marcava, quando estava em seus bons dias, como um homem de alta distinção. Era marcado pela Natureza, como essas pessoas que, num círculo, no café, na rua, atraem o olhar do observador e o preocupam. Se alguma vez a palavra estranho, da qual tanto se abusou nas descrições modernas, foi bem aplicada a alguma coisa, é, certamente, ao tipo de beleza do sr. Poe. Seus traços não eram grandes, mas bastante regulares, a tez morena-clara, a fisionomia triste e distraída e, embora ele não carregasse a marca da cólera ou da insolência, tinha alguma coisa de penoso. Seus olhos, singularmente belos, pareciam ser, à primeira vista, de um cinzento profundo, mas, a um exame melhor, pareciam recobertos de uma ligeira tintura violeta indefinível. Quanto à testa, era soberba: não que lembrasse as proporções ridículas que inventam os maus artistas quando, para lisonjear o gênio, eles o transformam em hidrocéfalo, mas dir-se-ia que uma força interior, transbordando, empurrava para a frente os órgãos da perfeição e da construção. As partes às quais os craniologistas atribuem o sentido do pitoresco não estavam, entretanto, ausentes, mas pareciam deslocadas, oprimidas pela tirania altaneira e usurpadora da comparação, da construção e da causalidade. Sobre esse rosto imperava também, num orgulho calmo, o sentido da idealidade e do belo absoluto, o sentido estético por excelência. Malgrado todas essas qualidades, essa cabeça não oferecia um conjunto agradável e harmonioso. Vista de face, ela chocava e chamava a atenção pela expressão dominadora e inquisidora da testa, mas o perfil revelava certas ausências: havia uma imensa massa de cérebro na frente e atrás e uma quantidade medíocre no meio; enfim, uma enorme potência animal e intelectual, e uma ausência no campo da venerabilidade e das qualidades afetivas. Os ecos desesperados da melancolia que atravessam as obras de Poe têm um acento penetrante, é verdade, mas é preciso dizer também que é uma melancolia bem solitária e pouco simpática ao comum dos homens. Não posso impedir-me de rir ao pensar em algumas linhas que um escritor muito estimado nos Estados Unidos, e cujo nome esqueci, escreveu sobre Poe, algum tempo após sua morte. Cito de memória, mas respondo pelo sentido: "Acabo de reler as obras do saudoso Poe. Que poeta admirável! Que contista surpreendente! Que espírito prodigioso e sobrenatural! É bem a cabeça forte de nosso país! Pois bem! Eu daria seus 70 contos místicos, analíticos e grotescos, todos tão brilhantes e cheios de idéias, por um bom pequeno livro do lar, um livro de família, que ele teria podido escrever com seu estilo maravilhosamente puro, que lhe dava uma tão grande superioridade sobre nós. Quanto o sr. Poe seria maior!" Pedir um livro de família a Edgar Poe! Então é verdade que a imbecilidade humana será a mesma sob todos os climas, e o crítico quererá sempre arrancar grossos legumes dos arbustos de deleite.

Poe tinha cabelos pretos, atravessados por alguns fios brancos, um grosso bigode eriçado, que ele se esquecia de pôr em ordem. Ele se vestia com bom gosto mas negligentemente, como um cavalheiro que tem bem outra coisa a fazer. Suas maneiras eram excelentes, muito polidas e cheias de precisão. Mas sua conversação merece uma menção particular. A primeira vez que questionei um americano sobre esse ponto, ele me respondeu rindo bastante: "Oh! Oh! Ele tinha uma conversação *que não era absolutamente consecutiva!*" Depois de algumas explicações, compreendi que o sr. Poe fazia amplas ligações no mundo das idéias, como um matemático que fizesse demonstrações perante alunos já muito adiantados, e que monologava bastante. De fato, era uma conversação essencialmente nutritiva. Ele não era um homem bem falante e, de resto, sua fala, como seus escritos, tinha horror da convenção. Mas um vasto saber, o conhecimento de várias línguas, muitos estudos, idéias recolhidas em diversos países faziam de sua conversa um excelente ensinamento. Enfim, era um homem a ser freqüentado pelas pessoas que medem sua amizade a partir do ganho espiritual que podem retirar de uma freqüentação. Mas parece que Poe era muito pouco difícil na escolha de seu auditório. Que seus ouvintes fossem capazes de compreender suas abstenções ou de admirar as gloriosas concepções que cortavam incessantemente com seus raios o céu sombrio de seu cérebro, isso não o inquietava. Ele se sentava numa taverna, ao lado de um malandro sórdido, e desenvolvia para ele, gravemente, as grandes linhas de seu terrível livro *Eureka*, com um sangue frio implacável, como se estivesse ditando a um secretário, ou se disputasse com Kepler, Bacon ou Swedenborg. Eis um traço particular de seu caráter. Jamais um homem tomou tantas liberdades quanto às regras da sociedade, desconheceu os passantes e se interrogou por que, certos dias, era recebido nos cafés de baixo extrato social ou por que lhe era vetada a entrada em lugares onde bebiam as "pessoas honestas". Jamais sociedade alguma absolveu tais coisas, ainda menos uma sociedade inglesa ou americana. Poe já tinha seu gênio a fazer perdoar; ele havia feito no *Messenger* uma terrível caça à mediocridade; sua crítica havia sido disciplinante e dura como a de um homem superior e solitário que não se interessa senão pelas idéias. Veio um momento em que tomou todas as coisas humanas em desgosto e somente a metafísica lhe significava alguma coisa. Poe, maravilhando por seu espírito seu país jovem e informe, chocando com seus costumes homens que se acreditavam seus iguais, tornava-se fatalmente um dos escritores mais infelizes. Os rancores aumentaram, a solidão se fez à sua volta. Na França (Paris), na Alemanha, ele teria encontrado facilmente amigos que o teriam compreendido e aliviado; na América, era preciso que ele ganhasse seu pão à força. Assim se explicam perfeitamente o alcoolismo e a perpétua mudança de residência. Ele atravessava a vida como um Saara, e mudava de lugar como um árabe.

Mas há ainda outras razões: as dores profundas da vida doméstica, por exemplo. Vemos que sua juventude precoce havia sido de um golpe lançada nos azares da vida. Poe foi quase sempre só; de resto, a espantosa contenção de seu cérebro e a aspereza de seu trabalho deviam fazê-lo encontrar uma volúpia de esquecimento no vinho e nas outras bebidas. Ele encontrava alívio naquilo que é fadiga para os outros. Enfim, rancores literários, vertigens do infinito, dores domésticas, insultos da miséria – Poe fugia de tudo na escuridão da embriaguez, como na escuridão da tumba. Pois ele não bebia como apreciador, mas como um bárbaro: mal o álcool havia tocado seus lábios, ele ia plantar-se no balcão e bebia, copo sobre copo, até que seu bom Anjo fosse afogado e suas faculdades aniquiladas. É um fato prodigioso, atestado por todas as pessoas que o conheceram, que nem a pureza, nem o verniz de seu estilo, nem a nitidez de seu pensamento, nem seu ardor ao trabalho e a pesquisas difíceis foram alterados por seu terrível hábito. A confecção da maior parte de suas boas obras precedeu ou se seguiu a uma de suas crises. Após a aparição de *Eureka*, ele se entregou à bebida com furor. Em Nova York, na manhã mesma em que a revista *Whig* publicava "O Corvo", enquanto o nome de Poe estava em todas as bocas e seu poema era disputado por todo mundo, ele atravessava a Broadway batendo pelas casas e tropeçando.

A bebedeira literária é um dos fenômenos mais comuns e lamentáveis da vida moderna; mas, talvez, haja aí muitas circunstâncias atenuantes. No tempo de Saint-Amant, de Chapelle e de Collete, a literatura também se embriagava, mas alegremente, em companhia de nobres e de grandes que eram muito letrados e não temiam o "cabaré". Mesmo certas damas e senhoritas não coravam por gostar um pouco de vinho, como o prova a aventura daquela que a aia encontrou em companhia de Chapelle, ambos vertendo grossas lágrimas, depois de cear, por aquele pobre Píndaro, morto por culpa de médicos ignorantes. No século XVIII, a tradição continua, mas se altera um pouco. A escola de Rétif bebe, mas é já uma escola de párias, um mundo subterrâneo. Mercier, muito velho, é encontrado na rua Coq-Honoré; Napoleão subiu sob o século XVIII, Mercier está um pouco bêbado e diz que "não vive senão por curiosidade". Hoje, a embriaguez literária tomou um aspecto sombrio e sinistro. Não há classe especialmente letrada que se honre de privar com homens de letras. Seus trabalhos absorventes e os ódios de escolha os impedem de reunir-se entre si. Quanto às mulheres, sua educação informe, sua incompetência política e literária impedem muitos autores de ver nelas outra coisa que utensílios domésticos ou objetos de luxúria. O jantar absorvido e a parte animal satisfeita, o poeta entra na vasta solidão de seu pensamento; algumas vezes ele fica muito cansado pelo trabalho. Que fazer então? A seguir, seu espírito se acostuma à idéia de sua força invencível e ele não pode mais resistir à esperança de reencontrar na bebida as visões calmas ou assustadoras que são já suas velhas conhecidas. É, sem dúvida, à mesma transformação de costume que fez do mundo letrado uma classe à parte que é preciso atribuir o imenso consumo de tabaco que faz a nova literatura.

III

Vou aplicar-me a dar uma idéia do caráter geral que domina as obras de Edgar Poe. Quanto a fazer uma análise de todas, a menos que se escrevesse todo um volume, seria coisa impossível, pois esse homem singular, malgrado sua vida desregrada e diabólica, produziu bastante. Poe se apresenta sob três aspectos: crítico, poeta e romancista; e há, no romancista, um filósofo.

Quando ele foi chamado à direção do *Southern Literary Messenger*, ficou estipulado que receberia 2.500 francos por ano. Em troca desses honorários muito medíocres, devia encarregar-se da leitura e escolha dos textos destinados a compor o número do mês e a redação da parte dita editorial, isto é, da análise de todas as obras aparecidas e da apreciação de todos os fatos literários. Além disso, produzia muito freqüentemente uma novela ou um trecho de poesia. Ele fez esse trabalho durante dois anos mais ou menos: a parte editorial é considerável; os artigos são bem longos. Às vezes, no mesmo número, encontra-se uma resenha de um romance, de um livro de poesia, de um livro de Medicina, de Física ou de História. Todos são feitos com o maior cuidado e denotam em seu autor um conhecimento das diferentes literaturas e uma aptidão científica que lembra os escritores franceses do século XVIII.

Parece que durante suas misérias precedentes, Edgar Poe aproveitou bem o tempo e remoeu diversas idéias. Há nesses escritos uma coleção notável de apreciações críticas dos principais autores ingleses e americanos e, às vezes, também franceses. De onde partia uma idéia, qual era sua origem, seu fim, a que escola pertencia, qual era o método do autor, salutar ou perigoso, tudo isso era nítida, clara e rapidamente explicado.

Se Poe atraiu fortemente os olhares sobre si, conquistou, também, muitos inimigos. Profundamente penetrado por suas convicções, fez uma guerra infatigável contra os falsos raciocínios, os pastiches tolos, os solecismos, barbarismos e todos os delitos literários que se cometem diariamente nos jornais e nos livros. Por outro lado, não havia nada a censurar-lhe, ele pregava o exemplo; seu estilo é puro, adequado às idéias, transmitindo-as com precisão. Poe é sempre correto. É um fato notável que um homem de imaginação tão vagabunda e tão ambiciosa seja ao mesmo tempo tão amante das regras e capaz de análises estudadas e pesquisas pacientes. Dir-se-ia uma antítese feita carne. Sua glória de crítico prejudicou em muito sua fortuna literária. Muita gente quis vingar-se. Não há censura que não tenham mais tarde lançado à sua figura, à medida que sua obra crescia. Todo mundo conhece essa longa ladainha de banalidades: imoralidade, falta de ternura, ausência de conclusões, extravagância, literatura inútil. Jamais a crítica francesa perdoou a Balzac o *Grande Homem de Província em Paris*.

Como poeta, Edgar Poe é um homem à parte. Ele representa quase sozinho o movimento romântico do outro lado do oceano. Ele é o primeiro americano que, propriamente falando, fez de seu estilo um instrumento. Sua poesia, profunda e lamentosa, é entretanto trabalhada, pura, correta e brilhante como uma jóia de cristal. Vê-se que, malgrado suas espantosas qualidades, que os fizeram ser adorados por almas eternas e moles, os srs. Alfred de Musset e Alphonse de Lamartine não o teriam por seu amigo se Poe tivesse vivido entre nós. Eles não têm vontade suficiente e não são bastante senhores de si mesmos. Edgar Poe amava os ritmos complicados e, por complexos que fossem, neles imprimia uma harmonia profunda. Há um seu poema, intitulado "Os Sinos", que é uma verdadeira curiosidade literária; traduzível, isso não o é. "O Corvo" teve um imenso sucesso. Segundo confessam os srs. Longfellow e Emerson, é uma maravilha. O assunto é parco, é uma pura obra de arte. Numa noite de tempestade e de chuva, um estudante ouve bater à sua janela e, depois, à sua porta; ele abre, acreditando ser uma visita. É um infeliz corvo perdido, que foi atraído pela luz da lâmpada. Essa ave domesticada aprendeu a falar na casa de algum amo e a primeira palavra que sai por acaso do bico do sinistro corvo atinge justamente um dos compartimentos da alma do estudante e nela desperta uma séria de tristes pensamentos adormecidos: uma mulher morta, mil aspirações perdidas, mil desejos frustrados, uma existência fracassada, um rio de recordações que se expande pela noite fria e desolada. O tom é grave e quase sobrenatural, como os pensamentos da insônia; os versos caem um a um como lágrimas monótonas. No "País dos Sonhos" *(The Dreamland)*, ele tentou pintar a sucessão dos sonhos e das imagens fantásticas que assomam à alma quando os olhos do corpo estão fechados. Outras peças – tais como "Ulalume" e "Anabel Lee" – gozam de uma igual celebridade. Mas a bagagem poética de Edgar Poe é pequena. Sua poesia, condensada e laboriosa, custava-lhe muito, sem dúvida, e ele freqüentemente tinha necessidade de dinheiro para entregar-se a essa dor infrutífera e voluptuosa.

Como novelista e romancista, Edgar Poe é único em seu gênero, como Maturin, Balzac e Hoffmann o são cada um no seu. As diferentes peças que ele espalhou nas revistas foram reunidas em dois volumes, em *The Tales of the Grotesque and the Arabesque* e *Edgar A. Poe's Tales*, edição Wiley e Putnam. No total, são 72 contos. Neles há farsas violentas, grotesco puro, aspirações desenfreadas pelo infinito e uma grande preocupação com o magnetismo. A pequena edição de contos teve um grande sucesso tanto em Paris como na América, pois ela contém coisas muito dramáticas, mas de um dramático todo particular.

Gostaria de poder caracterizar de uma maneira muito breve e correta a literatura de Poe, pois ela é absolutamente nova. O que lhe imprime um caráter essencial e a distingue dentre todas é, que me perdoem estas palavras similares, o conjeturismo e o probabilismo. Pode-se verificar minha asserção em alguns de seus assuntos.

"O Escaravelho de Ouro": análise dos meios sucessivos a serem empregados para adivinhar um eriptograma, com o qual se pode descobrir um tesouro escondido. Não posso impedir-me de pensar que o infeliz E. Poe deve ter, mais de uma vez, sonhado com os meios de descobrir tesouros. Como a explicação desse método, que é a especialidade curiosa e literária de certos secretários de polícia, é lógica e lúcida! Como a descrição do tesouro é bela e como se recebe uma boa sensação de calor e de efervescência! Pois ele é encontrado, o tesouro! *Não era um sonho*, como acontece geralmente em todos os romances, onde o autor nos acorda brutalmente depois de ter excitado nosso espírito com esperanças aperitivas. Desta vez, o tesouro é *verdadeiro* e o decifrador bem o mereceu. Eis o montante exato: em moedas, 450 mil dólares, nem um átomo em dinheiro, tudo em ouro, e de uma data muito antiga; peças muito grandes e pesadas, inscrições ilegíveis; 110 diamantes, 18 rubis, 310 esmeraldas, 21 safiras e uma opala; 200 anéis e brincos maciços, umas 30 correntes, 83 crucifixos, cinco turíbulos, uma enorme poncheira em ouro com folhas de vinha e bacantes, dois punhos de espada, 197 relógios ornados de pedras preciosas. O conteúdo do cofre é, de início, avaliado em um milhão e meio de dólares, mas a venda das jóias leva o total além disso. A descrição desse tesouro dá vertigens de grandeza e ambições de beneficência. Há, certamente, no cofre escondido pelo pirata Kidd com o que aliviar muitos desesperos desconhecidos.

"O Maelstrem": não se poderia descer num abismo cujo fundo não foi ainda encontrado, estudando-se, de nova maneira, as leis do peso?

"O Assassinato da Rua Morgue" poderia ser remetido a juízes de instrução. Um assassinato foi cometido. Como? Por quem? Há nesse caso fatos inexplicáveis e contraditórios. A polícia nada consegue. Um jovem se apresenta e vai resolver o enigma por amor à arte.

Por uma concentração extrema do pensamento e pela análise sucessiva de todos os fenômenos de seu entendimento, ele consegue surpreender a lei da geração das idéias. Entre uma palavra e outra, entre duas idéias completamente estranhas em aparência, pode restabelecer toda a série intermediária e preencher, sob olhos maravilhados, a lacuna das idéias não expressas e quase inconscientes. Ele estudou profundamente todos os encadeamentos possíveis e prováveis dos fatos. Ele remonta de indução em indução e chega a demonstrar peremptoriamente que foi um macaco que cometeu o crime.

Na "Revelação Magnética", o ponto de partida do autor foi evidentemente este: não se poderia, com a ajuda da força desconhecida chamada fluido magnético, descobrir-se a lei que rege os mundos ulteriores? O início é cheio de grandeza e solenidade. O médico adormeceu seu paciente somente para aliviá-lo: "Que pensais de vossa doença? — Vou morrer dela. — Isso vos deixa triste? — Não". O doente se queixa que é mal interrogado: "Dirige-me, diz o médico. — Comece pelo começo. — Que é o começo? – (Em voz muito baixa) É Deus. — Deus é espírito? — Não. — É ele matéria? — Não". Segue-se uma vasta teoria da matéria, das gradações da matéria e da hierarquia dos seres. Publiquei este trecho num dos números da *Liberté de Penser*, em 1848.

Aliás, eis o relato de uma alma que vivia num planeta desaparecido. O ponto de partida foi: pode-se, por via da indução e da análise, adivinhar quais seriam os fenômenos físicos e morais ocorridos entre os habitantes de um mundo do qual se aproximava um cometa homicida?

Outras vezes encontramos fantástico puro, calcado sobre a Natureza, e sem explicação, à maneira de Hoffmann; o "Homem das Multidões" mergulha sem cessar no seio do povo; ele nada, com delícias, no oceano humano. Quando cai o crepúsculo cheio de sombras e de luzes trêmulas, ele foge dos bairros pacíficos e procura com ardor aqueles onde se agita vivamente a matéria humana. À medida que o círculo de luz e da vida se retrai, procura seu centro com inquietação: como os homens do dilúvio, ele sobe desesperadamente aos últimos pontos culminantes da agitação política. E é tudo. É ele um criminoso que tem horror da solidão? É um imbecil que não pode suportar a si mesmo?

Qual é o autor parisiense um pouco letrado que não leu o "Gato Preto"? Aí encontramos qualidades de uma ordem diferente. Como esse terrível poema do crime começa de uma maneira doce e inocente! "Minha mulher e eu fomos unidos por uma grande comunhão de gostos e por nosso amor pelos animais; nossos pais nos haviam legado essa paixão. Também nossa casa parecia um presépio; tínhamos ali animais de toda espécie". A vida deles se complica. Em lugar de agir, o homem se fecha nos negros sonhos da taverna. O belo gato negro, o amável Plutão, que se mostrava antigamente tão previdente quando o dono chegava em casa, tem para com ele menos atenção e carícias; dir-se-ia mesmo que ele o evita e que pressente os perigos da aguardente. O homem se ofende. Sua tristeza, seu humor taciturno e solitário aumentam com o hábito do veneno. Como a vida sombria da taverna, as horas silenciosas de embriaguez morna são bem descritas! E, entretanto, é rápido e breve. A muda censura do gato irrita-o mais e mais. Uma noite, por não sei que motivo, ele agarra o animal, tira seu canivete e lhe extirpa um olho. O animal caolho fugirá dele daí por diante e seu ódio crescerá. Por fim, ele o enforca e estrangula. Essa passagem merece ser citada:

> "Não obstante, o gato sarou lentamente. A órbita do olho perdido apresentava, é verdade, um espetáculo assustador; entretanto, ele não parecia mais sofrer. Percorria a casa como de costume, mas, como só poderia ser, ele fugia com terror extremo à minha aproximação. Restava-me ainda bastante coração para que me afligisse, de início, com

essa aversão evidente de uma criatura que me havia amado tanto. Esse sentimento cedeu em breve à irritação; e depois veio, para conduzir-me a uma queda final e irrevogável, o espírito de Perversidade. A filosofia não dá conta dessa força. Entretanto, tão firmemente quanto creio na existência de minha alma, creio que a perversidade é uma das impulsões primitivas do coração humano, uma das faculdades ou sentimentos primários, indivisíveis, que constituem o caráter do homem. Quem não cometeu cem vezes um ato louco ou vil, pela simples razão que sabia que dele se deveria abster? Não temos nós uma inclinação perpétua, a despeito de nosso julgamento, a violar aquilo que é lei, somente porque sabemos que é a lei? Esse espírito de perversidade, dizia eu, causou minha última queda. Foi esse desejo insondável que a alma experimenta em se afligir a si própria – de violentar sua própria natureza, de fazer o mal pelo simples amor ao mal – que me levou a continuar e, por fim, a consumar a tortura que eu havia infligido a esse inocente animal. Uma manhã, com sangue frio, amarrei uma corda a seu pescoço e o pendurei a um galho de árvore. Eu o enforquei derramando abundantes lágrimas e com o coração cheio de remorso o mais amargo; eu o enforquei porque sabia que ele tinha me amado e porque sabia que ele não me havia dado motivo algum de cólera; eu o enforquei porque sabia que, assim fazendo, cometia um crime, um pecado mortal que punha em perigo minha alma imortal, a ponto de colocá-la, se tal coisa fosse possível, fora da esfera da misericórdia infinita do Deus misericordioso e terrível".

Um incêndio acaba de arruinar o casal, que se refugia num bairro pobre. O homem bebe sempre. Sua doença faz progressos terríveis, pois "*que doença é comparável ao álcool?*" Uma noite, ele percebe, sobre um dos tonéis do bar, um belo gato negro, exatamente parecido com o seu. O animal se deixa aproximar e lhe faz carícias. Ele o leva para consolar sua mulher. No dia seguinte, descobre-se que o gato é caolho, e do mesmo olho. Desta vez será a amizade do animal que o exasperará lentamente; sua obsequiosidade fatigante lhe parece uma vingança, uma ironia, um remorso encarnado num animal misterioso. É evidente que a cabeça do infeliz está perturbada. Uma noite, quando descia à adega com sua mulher para uma tarefa doméstica, o fiel gato que os acompanha se embaraça em suas pernas, roçando-o. Furioso, ele quer lançar-se sobre ele; sua mulher se põe à frente; ele a mata com uma machadada. Como se faz desaparecer um cadáver, tal é o seu primeiro pensamento. A mulher é posta no muro, devidamente rebocado e fechado com argamassa. O gato fugiu. "Ele compreendeu minha cólera e julgou que era prudente esquivar-se." Nosso homem dorme o sono dos justos e, na manhã seguinte, com o nascer do sol, sua alegria e alívio são imensos por não sentir seu despertar assassinado pelas carícias odiosas do animal. Não obstante, a justiça fez várias buscas em sua casa e os magistrados desencorajados vão retirar-se quando, subitamente: "Vós esqueceis a adega, senhores", diz ele. Visita-se a adega e, quando eles sobem a escada sem ter achado nenhum indício acusador, "eis que, tomado de uma idéia diabólica e de uma exaltação de orgulho inaudita, gritei: Belo muro! Bela construção em verdade! Não se fazem mais adegas como esta! E, dizendo isso, bati no muro com minha bengala no próprio ponto onde estava escondida a vítima". Um grito profundo, distante, queixoso se faz ouvir; o homem desmaia; a justiça pára, derruba o muro, o cadáver cai para a frente, e um gato assustador, metade pêlo, metade estuque, salta com seu único olho, louco e sangüinolento.

Não foram apenas as probabilidades e as possibilidades que atraíram fortemente a ardente curiosidade de Poe, mas também as doenças do espírito. *Berenice* é uma admirável amostra desse gênero; por exagerada e inverossímil que minha seca análise a faça parecer, posso afirmar ao leitor que nada é mais lógico e possível que essa terrível história. Egeu e Berenice são primos; Egeu, pálido, afeito à teosofia, doentio e abusando das forças do espírito para a inteligência de coisas abstrusas; Berenice, travessa e alegre, sempre ao ar livre, nos bosques e jardins, admiravelmente bela, de uma beleza luminosa e carnal. Berenice é acometida por uma doença misteriosa e horrível, designada em algum lugar sob o nome bastante estranho de "distorção de personalidade". Dir-se-ia que se trata de histeria. Ela sofre, também, alguns ataques de epilepsia, freqüentemente seguidos de letargia, perfeitamente semelhantes à morte, e dos quais o despertar é brusco e súbito. Aquela admirável beleza vai, por assim dizer, se dissolvendo. Quanto a Egeu, sua doença, para falar a linguagem vulgar, é ainda mais esquisita. Consiste num exagero da potência meditativa, numa irritação mórbida das faculdades da atenção: "Perder longas horas com os olhos presos a uma frase vulgar, permanecer absorvido um grande dia de verão na contemplação de uma sombra sobre o tapete, esquecer-me, toda uma noite, a velar a chama direita de uma lâmpada ou as brasas da lareira, repetir indefinidamente uma palavra vulgar até que o som deixasse de trazer, ao meu espírito, uma idéia distinta, perder todo sentimento da existência física numa imobilidade obstinada, tais eram algumas das aberrações nas quais me havia lançado uma condição intelectual que, se não é sem exemplo, merece certamente estudo e análise". E ele toma o cuidado de fazer-nos observar que não se trata de um exagero de devaneio comum a todos os homens, pois o sonhador toma um objeto interessante como ponto de partida, rola de dedução em dedução e, após um longo dia de divagação, a causa primeira se evaporou completamente, o *incitamentum* desapareceu. No caso de Egeu, dá-se o contrário. O objeto é invariavelmente pueril; mas, por meio de uma contemplação violenta, ele adquire uma importância de refração. Poucas deduções, nada de meditações agradáveis; e, por fim, a causa primeira, bem longe de estar fora de vista, conquistou um interesse sobrenatural, ela tomou uma proporção anormal, que é o caráter próprio dessa doença.

Egeu vai esposar sua prima. No tempo de sua incomparável beleza, ele jamais lhe dirigiu uma única palavra de amor; mas ele sente por ela uma grande amizade e uma grande pena. De resto, não tem ela o imenso atrativo de um problema? E, como ele confessa, "na estranha anomalia de sua existência, os sentimentos jamais lhe vieram do coração e as paixões sempre lhe vieram do espírito". Uma tarde, na biblioteca, Berenice se encontra à sua frente. Seja que ele tenha o espírito perturbado, seja pelo efeito do crepúsculo, ele a vê maior do que de costume. Ele contempla, sem dizer uma palavra, esse fantasma adelgaçado que, numa dolorosa vaidade de mulher que se tornou feia, tenta um sorriso, um sorriso que quer dizer: "Estou bem mudada, não é verdade?" E então ela mostra, entre seus pobres lábios tortuosos, todos os seus dentes. "Prouvesse a Deus que eu não os tivesse visto jamais, ou que, tendo-os visto, estivesse morto!"

Eis os dentes instalados na cabeça do homem. Dois dias e uma noite ele permanece pregado no mesmo lugar, com os dentes flutuando à sua volta. Os dentes estão impressos em seu cérebro, longos, estreitos, como dentes de cavalo morto; nem uma mancha, nem um recorte, nem ponta lhe escapou. Ele treme de horror quando se dá conta de que chegou a atribuir-lhe uma faculdade de sentimento e um poder de expressão moral independente mesmo dos lábios: "Dizia-se da sra. Sallé *que todos seus passos eram sentimentos* e, de Berenice, que acreditava mais seriamente que todos os seus dentes eram idéias".

Ao fim do segundo dia, Berenice morreu; Egeu não ousa recusar entrar na câmara mortuária para dizer um último adeus aos restos de sua prima. O caixão foi depositado sobre o leito, as pesadas cortinas que ele levanta recaem sobre suas costas e o fecham na mais estreita comunhão com a defunta. Coisa singular, um lenço que cercava o rosto se desamarrou. Os dentes brilham implacavelmente brancos e longos. Ele se arranca do leito com energia e se põe a salvo apavorado.

Desde então as trevas se acumularam em seu espírito e o discurso se tornou perturbado e confuso. Ele se encontra na biblioteca a uma mesa, com uma lâmpada, um livro aberto diante de si e seus olhos erram e tombam sobre esta frase: "*Dicebant mihi sedales, si sepulcrum amicae visitarem, curas meas aliquantulum fore levatas*[(17)]. Do lado, uma caixa de ébano. Por que essa caixa de ébano? Não é a de um médico da família? Um criado entra, pálido e perturbado; ele fala baixo e mal. Não obstante, trata-se, em suas frases entrecortadas, de violação de sepultura, de grandes gritos que teriam sido ouvidos, de um cadáver ainda quente e palpitante que teria sido descoberto à beira de sua cova, todo ensangüentado e mutilado. Ele mostra a Egeu suas vestes; estão sujas de terra e sangue. Ele toma-as nas mãos; trazem marcas singulares, rasgões abertos à unha. Ele dirige sua atenção para um instrumento que repousa contra a parede. É uma enxada. Com um grito aterrorizante, Egeu salta sobre a caixa; mas, na sua fraqueza e agitação, deixa-a cair e a caixa, ao abrir-se, esparrama sobre o tapete, com um horrível barulho de ferrugem, instrumentos de cirurgia dentária misturados aos objetos malditos de sua alucinação. O infeliz, em sua ausência de consciência, fora arrancar sua idéia fixa aos maxilares de sua prima, enterrada por engano durante uma de suas crises.

Geralmente, Edgar Poe suprime os acessórios ou, pelo menos, não lhes dá senão um mínimo valor. Graças a essa sobriedade cruel, a idéia geradora se faz ver melhor e o tema se destaca ardentemente sobre esse fundo nu. Quanto ao seu método de narração, ele é simples. Ele abusa do *eu* com uma monotonia cínica. Dir-se-ia que ele está tão seguro de interessar que pouco se inquieta em variar seus recursos. Seus contos são quase sempre relatos ou manuscritos do personagem principal. Quanto ao ardor com que ele trabalha às vezes o horrível, observei em vários homens que isto era freqüentemente o resultado de uma grande energia vital inocupada, algumas vezes de uma teimosa castidade, e também de uma profunda sensibilidade reprimida. A volúpia sobrenatural que o homem pode experimentar em ver correr seu próprio sangue, os movimentos bruscos e inúteis, os grandes gritos lançados ao ar quase involuntariamente são fenômenos análogos. A dor é um alívio para a dor; a ação descansa no repouso.

Um outro caráter particular de sua literatura é o fato de ela ser totalmente antifeminina. Eu me explico. As mulheres escrevem, escrevem com uma rapidez transbordante; seu coração tagarela à superfície. Elas não conhecem geralmente nem a arte, nem a medida, nem a lógica; seu estilo se arrasta e ondula como suas roupas. Uma grande e justamente ilustre escritora, a própria George Sand[(18)], apesar de sua superioridade, não escapou a essa lei do temperamento; ela joga obras-primas na caixa do correio como se fossem cartas. Não se diz que ela escreve seus livros em papel de carta?

Nos livros de Edgar Poe, o estilo é cerrado, concatenado; a má vontade do leitor ou a sua preguiça não poderão passar através das finas malhas dessa rede trançada pela lógica. Todas as idéias, como flechas obedientes, voam para o mesmo alvo.

Percorri uma longa enfiada de contos sem encontrar uma história de amor. Sem querer preconizar de uma maneira absoluta este sistema ascético de uma alma ambiciosa, penso que uma literatura severa seria, entre nós, um protesto útil contra a crescente fatuidade das mulheres, de mais a mais incentivada pela repugnante idolatria dos homens. E sou muito indulgente para com Voltaire, quando julgo bom que, no seu prefácio à *Morte de César*, tragédia sem mulheres, sob simuladas desculpas de sua impertinência, ele tivesse sublinhado o seu glorioso esforço.

Em Edgar Poe, nada de lamúrias enervantes; mas, em tudo e sem cessar, o infatigável ardor pelo ideal. Como Balzac, que morreu triste, talvez por não ser um sábio puro, ele tem ímpetos apaixonados pela ciência. Escreveu um *Manual do Conquiliólogo*(19) que esqueci de mencionar. Como os conquistadores e os filósofos, ele tem uma premente aspiração pela unidade; assimila as coisas morais às coisas físicas. Dir-se-ia que procura aplicar à Literatura procedimentos da Filosofia, e à Filosofia o método da Álgebra. Nessa incessante ascensão rumo ao infinito, perde-se um pouco o fôlego. O ar é rarefeito, nessa literatura, como num laboratório. Aí se contempla sem cessar a glorificação da vontade que se aplica à indução e à análise. Parece que Poe quer arrancar a palavra aos profetas e atribuir-se o monopólio da explicação racional. Assim, as paisagens que às vezes servem de fundo às suas ficções febris são pálidas como fantasmas. Poe, que não compartilhava as paixões dos outros homens, desenha árvores e nuvens que parecem sonhos de nuvens e de árvores, ou antes, que se parecem com seus estranhos personagens, agitados, como eles, por um estremecimento sobrenatural e galvânico.

Uma vez, entretanto, ele se aplicou em fazer um livro puramente humano. *As Aventuras de Arthur Gordon Pym*, que não teve grande sucesso, é uma história de navegadores que, após rudes avarias, ficaram presos pelas calmarias nos mares do Sul. O gênio do autor se rejubila nessas terríveis cenas e nas impressionantes pinturas de povos e ilhas que não existem nos mapas. A execução desse livro é excessivamente simples e minuciosa. De resto, é apresentado como um livro de bordo. O navio tornou-se ingovernável; os víveres e a água potável acabaram; os marinheiros estão reduzidos ao canibalismo. Não obstante, um navio à vela aparece.

> "Não conseguimos ver ninguém a bordo até que ele chegou a um quarto de milha de nós. Então vimos três homens que, por seu traje, tomamos por holandeses. Dois dentre eles estavam deitados sobre velas velhas perto da proa, e o terceiro, que parecia olhar-nos com curiosidade, estava na frente, a estibordo, perto do mastro. Este último era um homem grande e forte, de pele muito negra. Parecia, por seus gestos, encorajar-nos a ter paciência, fazendo-nos sinais que nos pareciam cheios de alegria, mas que não deixavam de ser estranhos, e sorrindo inalteravelmente, como para exibir uma fileira de dentes brancos muito brilhantes. Aproximando-se mais o navio, vimos um boné de lã vermelha cair de sua cabeça na água; mas não se incomodou, continuando sempre com seus sorrisos e gestos barrocos. Conto todas essas coisas e circunstâncias minuciosamente, e as conto, isto deve ser compreendido, precisamente como elas nos apareceram.
>
> "O veleiro avançava para nós lentamente e punha agora o cabo direito sobre nós – e, não posso falar com sangue frio desta aventura, nossos corações saltavam loucamente dentro de nós e expandíamos todas nossas almas em gritos de júbilo e ações de graças a Deus pela completa, gloriosa e inesperada salvação que tínhamos tão palpavelmente sob a mão. Súbita e inesperadamente, do estranho navio – estávamos agora sob o vento que vinha dele – chegaram-nos, trazidos através do oceano, um cheiro, uma pestilência tais que não há no mundo palavras para exprimi-los: infernais, sufocantes, intoleráveis, inconcebíveis.

Abri a boca para respirar e, voltando-me para meus camaradas, dei-me conta de que estavam mais pálidos que o mármore. Mas não tínhamos tempo para questionar-nos e raciocinar, pois o veleiro estava a cinqüenta pés de nós e parecia ter a intenção de acostar à nossa proa para que o pudéssemos abordar sem que precisasse lançar seu bote à água. Precipitamo-nos para a frente quando, subitamente, um forte sacolejão o lançou fora de rota e, à medida que passava à nossa ré, a uma distância de cerca de vinte pés, vimos sua frente de cheio. Esquecerei jamais o horror desse espetáculo? Vinte e cinco ou trinta corpos humanos, entre os quais os de algumas mulheres, jaziam disseminados aqui e ali, no último e mais lamentável estado de putrefação! Vimos claramente que não havia uma viva alma naquele barco maldito! Não obstante, não podíamos impedir-nos de implorar a esses mortos por nossa salvação! Sim, na agonia do momento, suplicamos longa e fortemente àquelas silenciosas e tristes imagens que parassem para nós, que não nos abandonassem a uma sorte semelhante à delas, e que por caridade nos recebessem em sua graciosa companhia! O terror e o desespero nos faziam delirar, a angústia e o desânimo nos haviam deixado totalmente loucos.

"Aos nossos primeiros urros de terror, alguma coisa nos respondeu vindo do lado do mastro do navio estrangeiro, a qual se assemelhava, de tão perto, ao grito de uma garganta humana que o ouvido mais delicado se teria surpreendido e enganado. Nesse momento, um outro sacolejão súbito trouxe o convés de frente aos nossos olhos e pudemos compreender a origem daquele ruído. Vimos a grande figura robusta sempre apoiada sobre o mastro e balançando sempre a cabeça, para cá e para lá, mas virada agora, de forma que não lhe podíamos ver o rosto. Seus braços estavam estendidos sobre a murada e suas mãos caíam para fora. Seus joelhos estavam apoiados sobre uma grossa amarra, largamente abertos e indo do pé do mastro até a âncora. A um de seus flancos, onde um pedaço da camisa havia sido arrancado deixando ver o corpo, estava uma enorme gaivota se banqueteando ativamente com a horrível carne, seu bico e garras profundamente mergulhados e sua branca plumagem manchada de sangue. Como o veleiro virava e ia nos passar sob o vento, o pássaro, com aparente dificuldade, retirou sua cabeça vermelha e, depois de nos ter olhado um momento, como se estivesse estupidificado, afastou-se preguiçosamente do corpo sobre o qual fazia seu festim; depois tomou diretamente seu vôo por cima de nossa proa e planou algum tempo com um pedaço da substância coagulada e quase viva no seu bico. Por fim, o horrível pedaço caiu justo aos pés de Parker. Deus me perdoe, mas então, no primeiro momento, um pensamento atravessou meu espírito, um pensamento que não escreverei, e vi-me dando um passo maquinal em direção ao pedaço sangüinolento. Levantei os olhos, que encontraram os de Augusto, os quais estavam cheios de uma intensidade e de uma energia de desejo tais que isso me fez voltar imediatamente a mim mesmo. Avancei vivamente e, com um profundo calafrio, lancei a coisa horrível ao mar.

"O cadáver de onde o pedaço fora arrancado enquanto repousava sobre a amarra era sacudido pelos esforços do pássaro carniceiro, e foram a princípio esses movimentos que nos haviam induzido a crer num ser vivo.

"Quando o pássaro o livrou de seu peso, o corpo cambaleou, virou e caiu, mostrando-nos então o seu rosto. Não houve jamais objeto tão horrível! Os olhos não estavam mais ali e, todas as carnes da boca roídas, os dentes estavam inteiramente a nu. Tal era então o sorriso que havia encorajado nossa esperança! Tal era ... mas paro por aqui. O veleiro, como disse, passou à nossa ré e prosseguiu seu caminho sob o vento. Com ele e sua terrível tripulação se esvaneceram lentamente todas as nossas felizes visões de alegria e salvação."

Eureka era, sem dúvida, o livro querido e há longo tempo sonhado de Edgar Poe. Não posso resumi-lo aqui de uma maneira precisa. É um livro que pede um artigo à parte. Quem quer que tenha lido a *Revelação Magnética* conhece as tendências metafísicas de nosso autor. *Eureka* pretende desenvolver o procedimento e demonstrar a lei segundo a qual o Universo tomou sua atual forma visível e encontrou sua presente organização e, também, como essa mesma lei, que foi a origem da Criação, será o meio de sua destruição e da absorção definitiva do mundo. Facilmente se poderá compreender por que não quero envolver-me superficialmente na discussão de uma tentativa ambiciosa. Temo desgarrar-me e caluniar um autor por quem tenho o mais profundo respeito. Já se acusou Edgar Poe de ser um panteísta e, embora seja forçado a confessar que as aparências levam a crer tal coisa, posso afirmar que, como muitos outros grandes homens apaixonados pela lógica, ele se contradiz por vezes fortemente, o que faz seu elogio. Assim, seu panteísmo é bastante contrariado por suas idéias sobre a hierarquia dos seres por muitas passagens que afirmam evidentemente a permanência das personalidades.

Edgar Poe tinha muito orgulho desse livro, que não teve, o que é natural, o sucesso de seus contos. É preciso lê-lo com precaução e fazer a verificação de suas estranhas idéias pela justaposição de sistemas análogos e contrários.

IV

Eu tinha um amigo que era também um metafísico à sua maneira, colérico e absoluto, com ares de Saint-Just[20]. Ele me dizia freqüentemente, tomando exemplos no mundo e me olhando de viés: "Todo místico tem um vício escondido". E eu continuava seu pensamento em mim mesmo: então, é preciso destruí-lo. Mas eu ria, pois não compreendia.

Um dia, quando conversava com um livreiro bem conhecido e de boa reputação, cuja especialidade era servir as paixões de místicos e de cultores obscuros das ciências ocultas, ao pedir-lhe informações sobre seus clientes, ele me disse: "Lembre-se de que todo místico tem um vício oculto, às vezes muito material; este a embriaguez, aquele a gula, um outro a luxúria; um será muito ávaro, outro muito cruel etc.".

Deus meu!, disse comigo mesmo, qual é então essa lei fatal que nos acorrenta, nos domina e se vinga da violação de seu insuportável despotismo pela degradação e amesquinhamento de nosso ser moral? Os iluminados foram os maiores dos homens. Por que é necessário que sejam castigados por sua grandeza? Sua ambição não era a mais nobre? Será o homem eternamente tão limitado que nenhuma de suas faculdades possa crescer senão em detrimento das outras? Se querer conhecer a verdade a todo custo é um grande crime, ou, pelo menos, se pode levar a grandes faltas; se a estupidez e a indiferença são uma virtude e uma garantia de equilíbrio, creio que devemos ser muito indulgentes para com esses ilustres culpados, pois, filhos dos séculos XVIII e XIX, esse mesmo vício é imputável a todos nós.

Digo-o sem pudor, pois sinto que isto parte de um profundo sentimento de piedade e ternura: Edgar Poe, bêbado, pobre, perseguido, pária, agrada-me mais que, calmo e virtuoso, um Goethe ou um W. Scott. Direi de bom grado dele, e de uma classe particular de homens, o que o catecismo diz de nosso Deus: "Ele sofreu bastante por nós".

Poder-se-ia escrever sobre sua tumba: "Vós todos que tendes ardentemente procurado descobrir as leis de vosso ser, que haveis aspirado ao infinito e cujos sentimentos reprimidos tiveram de procurar um terrível lenitivo no vinho do desregramento, orai por ele. Agora seu ser corpóreo purificado nada em meio aos seres cuja existência ele entrevia; orai por ele que vê e que sabe; ele intercederá por vós".

NOTAS

1. Publicado em março e abril de 1852 na *Revue de Paris*, este texto, conforme revelou W. T. Bandy (Yale French Studies, 1953), é quase inteiramente feito da tradução de dois artigos aparecidos no *Southern Literary Messenger*: o mais amplamente utilizado é o resumo da edição Redfield das obras de Poe (que Baudelaire ainda não conhecia), feito por John M. Daniel, em março de 1850; o outro é uma nota necrológica de John R. Thompson, aparecida em novembro de 1849. Os exemplares do *Southern Literary Messenger* chegaram às mãos de Baudelaire por intermédio de William W. Mann, jornalista que residia em Paris e, ele próprio, colaborador desse periódico americano. Baudelaire é muito hábil em apropriar-se da obra alheia e em conferir-lhe sua própria originalidade, mas Poulet-Malassis, que era um fino crítico, censurou severamente em seu *Journal d'Alençon* a "parte filosófica" do artigo, isto é, o julgamento feito sobre a obra. Baudelaire, defendendo-se, admitiu, entretanto, a necessidade de refazer o texto, que reproduzia alguns erros dos críticos americanos.
2. Y-G. Le Dantec foi o primeiro a observar que este preâmbulo se inspira nas primeiras linhas de *Madame Putiphar* (1839), o romance de Petrus Borel, no qual Baudelaire via a marca de um "talento verdadeiramente épico".
3. Embora de saúde frágil, o moralista Vauvenargues (1715-1747) empreendeu uma carreira militar. Sua vida se passou seja em campanha, seja em quartéis.
4. Aparentemente, trata-se de Jean-Jacques Rousseau.
5. E.T.A. Hoffmann (1776-1822), escritor alemão, autor dos célebres *Contos Fantásticos*. Como Poe, era alcoólatra e também morreu miseravelmente.
6. Versos tirados das *Ténèbres,* de Theophile Gautier.
7. *Stello,* de Alfred de Vigny.
8. "Ganhe dinheiro meu filho, honestamente, se puder, mas ganhe dinheiro."

9. Filósofo inglês (1632-1704), teórico do sensualismo. Em seu *Soirées de Saint Petersbourg*, Joseph de Maistre havia apresentado uma refutação de sua filosofia.
10. *Quarter-master-general*: mistura das funções de chefe de Estado-maior e de intendente. (Nota de Baudelaire.)
11. La Fayette (1757-1834) tomou como voluntário uma parte ativa na revolução da independência americana.
12. Alucinação habitual dos olhos da infância, que aumentam e complicam os objetos. (C.B.)
13. O verso citado é de Voltaire.
14. Botzaris (1788-1823), um dos heróis da guerra da independência grega. Essas pretendidas viagens à Grécia e à Rússia são pura invenção de Poe.
15. A vida de Edgar Poe, suas aventuras na Rússia e sua correspondência foram durante muito tempo anunciadas pelos jornais americanos e nunca apareceram. (C.B.)
16. Cidade da Ásia Menor, à beira de um lago.
17. "Meus amigos me diziam que, se eu fosse visitar a tumba de minha bem-amada, meus tormentos seriam um pouco aliviados."
18. Baudelaire costumava cobrir de injúrias George Sand, mas vê-se aqui que soube reconhecer seu talento.
19. Especialistas da ciência das conchas.
20. Alusão à atitude rígida de Saint-Just durante o Terror. Ele foi, com Robespierre, um dos mais terríveis justiceiros da Revolução Francesa.

EDGAR POE, SUA VIDA E SUAS OBRAS

"...Certo mestre infeliz, a quem a inexorável Fatalidade deu caça encarniçada, sempre mais encarniçada, até que seus cantos não tivessem senão um único refrão, até que os cantos fúnebres de sua Esperança tivessem adotado este melancólico refrão: Nunca! Nunca mais!"

(Edgar Poe, "O Corvo".)

Sur son trône d'airain le Destin, qui s'en raille,
Imbibe leur éponge avec du fiel amer,
Et la Nécessité les tord dans sa tenaille.

(Théophile Gautier, *Ténèbres.*)

I

Nos últimos tempos, foi conduzido perante os tribunais um infeliz em cuja testa havia uma rara e estranha tatuagem: "Sem sorte!". Ele trazia assim, acima dos olhos, a etiqueta de sua vida, como um livro traz seu título, e o interrogatório prova que esse escrito bizarro era cruelmente verídico. Há, na história literária, destinos análogos, verdadeiras danações – homens que levam a palavra *azar* escrita em caracteres misteriosos nas pregas sinuosas de suas testas. O anjo cego da expiação se apoderou deles e os chicoteia impiedosamente para a edificação dos outros. Em vão suas vidas mostram talentos, virtudes, graças; a sociedade tem por eles um anátema especial, e neles acusa as doenças que sua perseguição lhes deu. Que não fez Hoffmann para desarmar o destino e o que não empreendeu Balzac para conjurar a fortuna? Existe, então, uma providência diabólica que prepara o infortúnio desde o berço – que lança *com premeditação* naturezas espirituais e angélicas em meios hostis, como os mártires nas arenas? Há, portanto, almas *sagradas* votadas ao altar, condenadas a caminhar para a morte e para a glória por meio de suas próprias ruínas? O pesadelo das trevas perseguirá eternamente essas almas escolhidas? Em vão elas se debatem, em vão se fecham ao mundo, às suas previsões, às suas armadilhas. Elas aperfeiçoarão a prudência, taparão todas as saídas, acolchoarão as janelas contra os projéteis do acaso; mas o Diabo entrará pela fechadura. Uma perfeição será o defeito de sua couraça, e uma qualidade superlativa o germe de sua danação.

L'aigle, pour le briser, du haut du firmament,
Sur leur front découvert, lâchera la tortue,
Car ils doivent périr inévitablement.

Seu destino está escrito em toda sua constituição, ele brilha com uma luz sinistra em seus olhares e gestos, ele circula em suas artérias com cada um de seus glóbulos sangüíneos.

Um escritor famoso de nosso tempo escreveu um livro para demonstrar que o poema não podia encontrar um bom lugar nem numa sociedade democrática nem numa aristocrática, menos ainda numa república ou numa monarquia absoluta ou temperada. Entretanto, quem lhe soube responder peremptoriamente? Trago hoje uma nova legenda em apoio dessa tese, acrescento um novo santo ao martirológio: tenho a escrever a história de um desses ilustres infelizes, excessivamente rico de poesia e de paixão, que veio, depois de tantos outros, fazer nesse baixo mundo o rude aprendizado do gênio entre as almas inferiores.

Que lamentável tragédia a vida de Edgar Poe! Sua morte, desenlace horrível, cujo horror é aumentado pela trivialidade! De todos os documentos que li, resultou para mim a convicção de que os Estados Unidos não foram para Poe senão uma vasta prisão que ele percorria com a agitação febril de um ser feito para respirar num mundo mais amoral – senão uma grande barbárie iluminada a gás – e que sua vida interior, espiritual, de poeta ou mesmo de bêbado, não era senão um esforço perpétuo para escapar à influência dessa atmosfera antipática. Impiedosa ditadura esta da opinião nas sociedades democráticas; não se implore dela nem caridade, nem indulgência, nem elasticidade alguma na aplicação de suas leis aos múltiplos e complexos casos da vida moral. Dir-se-ia que do amor ímpio à liberdade nasceu uma nova tirania, a tirania das bestas, ou zoocracia, que, pela sua insensibilidade feroz, semelha ao ídolo de Jaggernaut. Um biógrafo nos dirá gravemente – é bem-intencionado, o bom homem – que Poe, se tivesse querido disciplinar seu gênio e aplicar suas faculdades criadoras de uma maneira mais apropriada ao solo americano, teria podido tornar-se um *auteur à argent, a money making author*; um outro – um cínico, leviano – diria que, por melhor que fosse o gênio de Poe, teria sido melhor para ele não ter mais que talento, o talento tendo sempre maior crédito que o gênio. Um outro, que dirigiu jornais e revistas, um amigo do poeta, confessa que era difícil empregá-lo e que se era obrigado a lhe pagar menos que aos outros porque ele escrevia num estilo muito acima do vulgar. "Que cheiro de revista!", como diria Joseph de Maistre.

Alguns ousaram mais ainda e, unindo a inteligência mais "grosseira" de seu gênio à ferocidade da hipocrisia burguesa, o insultaram ao desafio; e, após seu súbito desaparecimento, recriminaram rudemente esse cadáver – particularmente o sr. Rufus Griswold, que, para lembrar aqui a expressão vingativa do sr. George Graham, cometeu então uma infâmia imortal. Poe, tendo talvez o sinistro pressentimento de um fim súbito, havia designado os srs. Griswold e Willis para pôr em ordem suas obras, escrever sua vida e restaurar sua memória. Esse pedagogo-vampiro difamou longamente seu amigo num enorme artigo, raso e odioso, bem no rosto da edição póstuma de suas obras. Então não existe na América lei que proíba a entrada de cães no cemitério? Quanto ao sr. Willis, provou, ao contrário, que a benevolência e a decência sempre andaram com o verdadeiro espírito, e que a caridade para com nossos confrades, que é um dever moral, era também preceito do bom gosto.

Conversem de Poe com um americano: ele reconhecerá talvez seu gênio, talvez mesmo se mostre orgulhoso dele; mas, num tom sardônico que faz pressentir o homem positivo, ele lhes falará da vida desordenada do poeta, de seu hálito alcoolizado, que teria posto fogo à chama de uma vela, de seus hábitos vagabundos. Ele lhes dirá que era um ser errático e heteróclito, um planeta desorbitado, que ele rolava sem cessar de Baltimore a Nova York, de Nova York à Filadelfia, de Filadélfia a Boston, de Boston a Baltimore, de Baltimore a Richmond. E se, com o coração movido por esses prelúdios de uma história pungente, derem a entender que o indivíduo não é talvez o único culpado e deve ser difícil pensar e escrever comodamente num país onde há milhões de soberanos, um país sem capital propriamente dita e sem aristocracia, então verão seus olhos aumentarem e lançarem faíscas, a baba do patriotismo ameaçando subir-lhe aos lábios, e a América, pela sua boca, lançar injúrias à Europa, sua velha mãe, e à filosofia dos antigos dias.

Repito que, para mim, formou-se a convicção de que Edgar Poe e sua pátria não eram do mesmo nível. Os Estados Unidos são um país gigantesco e criança, naturalmente ciumento do velho continente. Orgulhoso do seu desenvolvimento material, anormal e quase monstruoso, este recém-chegado na História tem uma fé ingênua na onipotência da indústria; está convencido, como alguns infelizes entre nós, de que ela terminará por comer o Diabo. O tempo e o dinheiro têm aí um valor tão grande! A atividade material, exagerada até às proporções de uma mania nacional, deixa nos espíritos bem pouco lugar para as coisas que não são da Terra. Poe, que era de boa cepa e, além do mais, professava que a grande infelicidade de seu país era não ter uma aristocracia de raça, viu, dizia ele, que entre um povo sem aristocracia o culto do Belo não pode senão se corromper, diminuir e desaparecer. Poe – que acusava nos seus concidadãos, até no luxo enfático e custoso, todos os sintomas do mau gosto característico dos novos ricos; que considerava o Progresso, a grande idéia moderna, como um êxtase de papa-moscas; e chamava os "aperfeiçoamentos" do habitat humano de cicatrizes e abominações retangulares – era lá um cérebro singularmente solitário. Ele não acreditava senão no imutável, no eterno, no *self-same*, e gozava – cruel privilégio numa sociedade amante de si mesma! – desse grande bom senso à Maquiavel que vai à frente do sábio, como uma coluna luminosa, através do deserto da História. Que teria pensado, que teria escrito o infeliz se tivesse ouvido a teóloga do sentimento suprimir o Inferno por amizade ao gênero humano, o filósofo das cifras propor um sistema de garantias, uma subscrição de um tostão por cabeça para a supressão da guerra – e a abolição da pena de morte e da ortografia, essas duas loucuras correlatas! – e tantos outros doentes que escrevem, com a orelha inclinada ao vento, fantasias circulares tão flatulentas quanto o elemento que lhas inspira? Se acrescentardes a essa visão impecável do verdadeiro, autêntica doença em certas circunstâncias, uma delicadeza refinada dos sentidos que uma nota errada torturava, uma fineza de gosto que tudo, exceto a exata proporção, revoltava, um amor insaciável do Belo, que havia assumido as proporções de uma paixão mórbida, não vos espantareis que, para um tal homem, a vida se tenha tornado um inferno e que ele tenha acabado mal. Mas vos admirareis de que ele tenha podido durar tanto.

II

A família de Poe era uma das mais respeitáveis de Baltimore. Seu avô materno havia servido como *quarter-master-general* na Guerra da Independência, e La Fayette o tinha em alta estima e amizade. Este, por ocasião de sua última viagem aos Estados Unidos, quis ver a viúva do general e testemunhar-lhe gratidão pelos serviços que seu marido lhe havia prestado. O bisavô havia esposado uma filha do almirante inglês Mac Bride, que estava aliado às mais nobres casas da Inglaterra. David Poe, pai de Edgar e filho de general, se tomou violentamente de amores por uma atriz inglesa, Elizabeth Arnold, famosa por sua beleza; fugiu com ela e casaram-se. Para unir mais intimamente seu destino ao dela, fez-se comediante e apareceu com sua mulher sobre diferentes palcos, nas principais cidades da nação. O casal morreu em Richmond, quase ao mesmo tempo, deixando no abandono e na necessidade mais completa três crianças de pouca idade, entre as quais Edgar.

Edgar Poe nasceu em Baltimore, em 1813. É a partir do que ele mesmo diz que dou esta data, pois ele reclamou contra a afirmação de Griswold, que data seu nascimento em 1811. Se alguma vez o espírito de romance, para me servir de uma expressão de nosso poeta, presidiu a um nascimento – espírito sinistro e tempestuoso! –, certamente presidiu o seu. Poe foi verdadeiramente o filho da paixão e da aventura. Um rico negociante da cidade, sr. Allan, se afeiçoou a essa criança bonita e infeliz que a Natureza havia dotado de um modo encantador e, como não tinha filhos, adotou-o. Daí em diante, ele se chamou Edgar Allan Poe. Ele foi assim criado num belo ambiente e na esperança legítima de uma dessas fortunas que dão ao caráter uma confiança soberba. Seus pais adotivos o levaram junto numa viagem que fizeram pela Inglaterra, Escócia e Irlanda, e, antes de regressar a seu país, eles o deixaram com o dr. Brandsby, que tinha uma importante casa de educação em Stoke-Newington, perto de Londres. O próprio Poe, em *William Wilson*, descreveu essa estranha casa, construída no velho estilo elizabethano, e as impressões de sua vida de colegial.

Voltou a Richmond em 1822, e prosseguiu seus estudos na América, sob a direção dos melhores mestres da região. Na Universidade de Charlottesville, onde entrou em 1824, distinguiu-se não apenas por uma inteligência quase miraculosa, mas também por uma abundância quase sinistra de paixões – uma preciosidade verdadeiramente americana, que, finalmente, foi a causa de sua expulsão. É bom notar, de passagem, que Poe já havia, em Charlottesville, manifestado uma aptidão das mais notáveis pelas ciências físicas e matemáticas. Mais tarde, ele fará uso freqüente delas em seus estranhos contos, tirando daí efeitos bastante inesperados. Mas tenho razões para crer que não era a esse gênero de composições que ele dava mais importância, e que – talvez mesmo devido a essa aptidão precoce – ele não estava longe de considerá-las como jogos fáceis, comparativamente às obras de pura imaginação. Algumas infelizes dívidas de jogo criaram um desentendimento passageiro entre ele e seus pais adotivos, e Edgar – fato dos mais curiosos e que prova, contrariamente ao que se disse, uma dose de espírito cavalheiresco bastante forte em seu cérebro impressionável – concebeu o projeto de unir-se à guerra dos helenos e ir combater os turcos. Partiu, portanto, para a Grécia. Que lhe ocorreu no Oriente? Que fez ele lá? Estudou as margens clássicas do Mediterrâneo? Por que o reencontramos em São Petersburgo, sem passaporte, comprometido, e em que tipo de embaraço, obrigado a apelar ao embaixador americano, Henry Middleton, para escapar à penalidade russa e retornar ao seu país? Ignora-se; há aí uma lacuna que só ele poderia preencher. A vida de Edgar Poe, sua juventude, suas aventuras na Rússia e sua correspondência foram durante muito tempo anunciadas pelos jornais americanos, mas nunca apareceram.

De volta à América, em 1829, manifestou o desejo de entrar para a academia militar de West Point. Foi com efeito admitido e, lá como em outros lugares, deu sinais de uma inteligência admiravelmente dotada, mas indisciplinável; e, ao fim de alguns meses, foi excluído. Ao mesmo tempo, passava-se em sua família adotiva um acontecimento que teria conseqüências das mais graves sobre toda sua vida. A sra. Allan, por quem ele parece ter experimentado uma afeição realmente filial, morria e o sr. Allan esposava uma mulher bem mais jovem. Uma disputa doméstica tem lugar aqui – uma história bizarra e tenebrosa que não posso contar, pois que não é claramente explicada por nenhum biógrafo. Não há, pois, que se admirar que ele se tenha separado definitivamente do sr. Allan, e que este, tendo filhos do segundo casamento, o tenha privado completamente de sua sucessão.

Pouco tempo depois de ter deixado Richmond, Poe publicou um pequeno volume de poesias, que era na verdade uma aurora brilhante. Para quem sabe sentir a poesia inglesa, já há ali o tom extraterrestre, o calmo na melancolia, a solenidade deliciosa, a experiência precoce – eu ia, creio, dizer *experiência inata* – que caracterizam os grandes poetas.

A miséria o fez durante algum tempo soldado, e é presumível que ele se tenha servido dos pesados lazeres da vida de caserna para preparar os materiais de suas futuras composições – composições estranhas, que parecem ter sido criadas para demonstrar-nos que a estranheza é uma das partes integrantes do Belo. Ingressado na vida literária, o único elemento onde podem respirar certos seres sem outra classe, Poe estava morrendo numa extrema miséria, quando um feliz acaso o reergueu. O proprietário de uma revista acabava de instituir dois prêmios: um para o melhor conto, o outro para o melhor poema. Uma escrita singularmente bela atraiu os olhos do sr. Kennedy, que presidia a comissão, e lhe deu vontade de examinar ele mesmo os manuscritos. Acontece que Poe ganhou os dois prêmios; mas só um lhe foi entregue. O presidente da comissão ficou curioso para ver o desconhecido. O editor do jornal conduziu até ele um homem jovem, de beleza extasiante, em farrapos, abotoado até o queixo, e que tinha o ar de um cavalheiro tão seguro de si quanto afamado. Kennedy comportou-se bem. Apresentou Poe a um certo sr. Thomas White, que estava fundando em Richmond o *Southern Literary Messenger*. O sr. White era um homem audacioso, mas sem talento literário algum – precisava de quem o ajudasse. Poe viu-se então, muito jovem – aos 22 anos –, diretor de uma revista cujo destino repousava inteiramente sobre ele. Essa prosperidade ele soube criar. O *Southern Literary Messenger* reconheceu, desde então, que era a esse excêntrico maldito, a esse bêbado incorrigível, que devia sua clientela e frutuosa notoriedade. Foi nessa revista que apareceu, pela primeira vez, a "Aventura sem par de um certo Hans Pfaal", e vários outros contos que nossos leitores verão desfilar sob seus olhos. Durante perto de dois anos, Edgar Poe, com um ardor maravilhoso, espantou seu público com uma série de composições de um gênero novo e com artigos críticos cuja vivacidade, limpidez e severidade raciocinadas eram feitas de propósito para atrair os olhares. Esses artigos versavam sobre livros de todos os gêneros, e a sólida educação que o jovem autor havia conquistado não lhe serviu mediocremente. É bom que se saiba que essa labuta considerável se fazia por 500 dólares, isto é, 2.700 francos ao ano. "Imediatamente", diz Griswold – o que quer dizer: "Ele já se acreditava bastante rico, o imbecil!"–, "casou-se com uma jovem, bela, encantadora, de uma natureza amável e heróica, mas sem um vintém", acrescenta o mesmo Griswold com uma ponta de desdém. Era a senhorita Virgínia Clemm, sua prima.

Apesar dos serviços que Poe prestou à sua revista, o sr. White se desentendeu com ele, ao fim de dois anos, mais ou menos. A razão dessa separação está, evidentemente, nos acessos de hipocondria e nas crises de alcoolismo do poeta – acidentes característicos que ensombreciam seu céu espiritual, com essas nuvens lúgubres que dão subitamente à mais romântica das paisagens um ar de melancolia aparentemente irreparável. A partir de então, vemos o infeliz deslocar sua tenda, como um homem do deserto, e transportar seus pequenos deuses domésticos pelas principais cidades do país. Por toda parte, ele dirigiu revistas e nelas colaborou de uma maneira brilhante. Ele espalhou, com uma borbulhante rapidez, artigos críticos, filosóficos e contos cheios de magia que aparecem reunidos em *The Tales of the Grotesque and the Arabesque* – título notável e intencional, pois os ornamentos grotescos e arabescos fazem recuar a figura humana, e ver-se-á que, sob muitos pontos de vista, a literatura de Poe é extra ou sobre-humana. Ficamos sabendo, por notas dolorosas e escandalosas inseridas nos jornais, que o sr. Poe e sua mulher se encontravam perigosamente doentes em Fordham, na mais absoluta miséria. Pouco tempo depois da morte da sra. Poe, o poeta sofreu os primeiros ataques de *delirium tremens*. Uma nova nota aparece subitamente num jornal – essa mais que cruel – acusando seu desprezo e seu desgosto do mundo, e fazendo-lhe uma dessas censuras tendenciosas, verdadeiros requisitórios de opinião contra os quais sempre teria sabido como se defender – uma das lutas mais esterilmente fatigantes que conheço.

Sem dúvida ele ganhava dinheiro, e seus trabalhos literários podiam quase fazê-lo viver, mas tenho provas de que ele tinha, sem cessar, dificuldades amargas a sobrepujar. Ele sonhava, como tantos outros escritores, em ter uma revista própria, estar em casa, e o fato é que havia sofrido o bastante para desejar ardentemente esse abrigo definitivo para o seu pensamento. Para chegar a esse resultado, para garantir uma soma de dinheiro suficiente, teve como recurso as conferências. Sabe-se o que são essas conferências: uma espécie de especulação, o Collège de France posto à disposição de todos os literatos, o autor não publicando sua conferência senão depois de ter tirado dela todas as receitas que ela podia dar. Poe já havia feito em Nova York uma conferência sobre *Eureka*, seu poema cosmogônico, que havia mesmo provocado fortes discussões. Dessa vez, ele imaginou fazer conferências em sua terra natal, na Virgínia. Ele contava, como escrevia Willis, fazer um giro pelo Oeste e pelo Sul, e esperava o concurso de amigos literatos e de antigos conhecimentos de colégios e de West Point. Visitou as principais cidades da Virgínia e Richmond, reviu aqueles que ali o conheceram tão jovem, tão pobre e tão deteriorado. Todos aqueles que não tinham visto Poe desde os dias de sua obscuridade acorreram em massa para contemplar seu ilustre conterrâneo. Ele apareceu belo, elegante, correto como o gênio. Creio mesmo que, desde há algum tempo, havia levado a condescendência até se fazer admitir numa sociedade de temperança. Escolheu um tema tão amplo quanto elevado: *O Princípio da Poesia*, e ele o desenvolveu com a lucidez que era um de seus privilégios. Ele acreditava, verdadeiro poeta que era, que a finalidade da poesia é da mesma natureza que seu princípio, e que ela não deve ter em vista outra coisa senão ela mesma.

A bela acolhida que lhe foi dada inundou seu pobre coração de orgulho e alegria. Ele se mostrava de tal forma encantado que falava em se estabelecer definitivamente em Richmond e terminar a vida nos lugares que sua infância lhe havia tornado caros. Entretanto, tinha negócios em Nova York, e partiu a 4 de outubro, queixando-se de estremecimentos e fraquezas. Sentindo-se bastante mal, ao chegar a Baltimore, no dia 6, à tarde, fez conduzir sua bagagem ao terminal de onde devia dirigir-se à Filadélfia, e entrou numa taverna para tomar um excitante qualquer. Ali, infelizmente, encontrou velhos conhecidos e se demorou. Na manhã seguinte, nas pálidas trevas da madrugada, um cadáver foi encontrado na rua –, é assim que é preciso dizer? –, não, um corpo ainda vivo, mas que a Morte já havia marcado com seu selo real. Sobre esse corpo, cujo nome se ignorava, não se encontraram nem papéis nem dinheiro, e foi levado para um hospital. Foi lá que Poe morreu, na mesma tarde do domingo, 7 de outubro de 1849, aos 37 anos, vencido pelo *delirium tremens*, esse terrível visitante que já havia assombrado seu cérebro uma ou duas vezes. Assim desapareceu deste mundo um de seus maiores heróis literários, o homem de gênio que havia escrito no "Gato Preto" estas palavras fatídicas: "Que doença é comparável ao álcool!"

Esta morte é quase um suicídio – um suicídio preparado desde há muito tempo. Pelo menos, causou escândalo. O clamor foi grande e a virtude deu curso à sua falação barulhenta, livre e voluptuosamente. As orações fúnebres as mais indulgentes não puderam não dar lugar à inevitável moral burguesa, que não pode deixar de perder uma tão admirável ocasião. O sr. Griswold o difamou; o sr. Willis, sinceramente aflito, foi mais que conveniente. Infelizmente, aquele que havia ultrapassado os píncaros mais árduos da estética e mergulhado nos abismos menos explorados do intelecto humano, aquele que, através de uma vida que parece uma tempestade sem calmaria, havia encontrado novos meios, procedimentos desconhecidos para espantar a imaginação, para seduzir os espíritos sedentos do Belo, acabava de morrer, em algumas horas, num leito de hospital. Que destino! E tanta grandeza e tanta infelicidade para provocar um turbilhão de fraseologia burguesa, para tornar-se o pasto e o tema de jornalistas virtuosos!

Ut declamatio fias!

Esses espetáculos não são novos; é raro que uma sepultura fresca e ilustre não seja ponto de convergência de escândalos. Por outro lado, a sociedade não ama esses possessos infelizes, e seja porque eles perturbem suas festas, seja porque os considere ingenuamente com remorsos, ela tem incontestavelmente razão. Quem não se lembra do que se disse em Paris por ocasião da morte de Balzac, que, entretanto, morreu corretamente? E mais recentemente ainda: faz hoje, 26 de janeiro, justamente um ano que um escritor de uma honestidade admirável, duma alta inteligência e sempre lúcido, foi discretamente, sem incomodar ninguém – tão discretamente que sua discrição parecia desprezo –, desatar sua alma na rua mais escura que pôde encontrar – que *homilias desgostantes*! Que assassinato refinado! Um jornalista célebre, a quem Jesus não ensinará jamais maneiras generosas, considerou a aventura bastante jovial para celebrá-la num trocadilho grosseiro. Dentre a farta enumeração dos direitos do homem que a sabedoria do século XIX renovou tão freqüente e tão compassivelmente, dois muito importantes foram esquecidos, que são o direito de se contradizer e o direito de *partir*. Mas a *sociedade* encara aquele que parte como um insolente; ela castigaria de bom grado certos despojos fúnebres, como daquele infeliz soldado, tomado de vampirismo, que à simples vista de um cadáver exasperava até o furor. Entretanto, pode-se dizer que, sob a pressão de certas circunstâncias, após um exame sério de certas incompatibilidades, com firmes crenças em certos dogmas e metempsicose, pode-se dizer, sem ênfase e sem jogo de palavras, que o suicídio é por vezes a ação mais sensata da vida. E assim se forma uma companhia de fantasmas já numerosa, que nos persegue familiarmente e da qual cada membro vem vangloriar-se de seu repouso atual e derramar-nos suas persuasões.

Confessemos, entretanto, que o lúgubre fim do autor de *Eureka* suscitou algumas exceções consoladoras, sem o que seria necessário desesperar, e o lugar não seria sustentável. O sr. Willis, como disse, falou honestamente, e mesmo com emoção, das boas relações que sempre teve com Poe. Os srs. John Neal e George Graham chamaram o sr. Griswold ao pudor. O sr. Longfellow – e este tanto mais mérito tem, pois que Poe o havia maltratado cruelmente – soube louvar com uma maneira digna de um poeta a alta potencialidade de Poe como poeta e prosador. Um desconhecido escreveu que a América literária havia perdido sua mais forte cabeça.

Mas o coração partido, o coração despedaçado, o coração trespassado por sete punhais foi o da sra. Clemm. Edgar era a um tempo seu filho e sua filha. Rude destino, diz Willis, a quem tomo estes pormenores, quase palavra por palavra, rude destino aquele que ela velava e protegia. Porque Edgar Poe era um homem constrangedor: à parte o fato de que ele escrevia com uma dificuldade fastidiosa, e "num estilo muito acima do nível intelectual comum para que se pudesse pagar-lhe bem", estava sempre mergulhado em problemas de dinheiro; muitas vezes, ele e sua mulher doente não dispunham das coisas básicas necessárias à vida. Um dia, Willis viu entrar em seu escritório uma mulher velha, doce, grave. Era a sra. Clemm. Ela "procurava trabalho" para seu querido Edgar. O biógrafo diz que ficou sinceramente tocado, não apenas pelo elogio perfeito, pela apreciação exata que ela fazia dos talentos de seu filho, mas também por todo seu ser exterior – pela voz doce e triste, por suas maneiras ultrapassadas, mas belas e grandiosas. E durante alguns anos, acrescenta ele, vimos essa infatigável servidora do gênio, vestida pobre e insuficientemente, indo de jornal em jornal para vender ora um poema, ora um artigo, dizendo algumas vezes que ele estava doente – única explicação, única razão, invariável desculpa que ela dava quando seu filho se encontrava atingido, momentaneamente, por uma dessas esterilidades que conhecem os escritores nervosos – e não permitindo jamais a seus lábios pronunciarem uma sílaba que pudesse ser interpretada como uma dúvida, como uma diminuição de confiança no gênio e na vontade de seu bem-amado. Quando sua filha morreu, ela se apegou ao sobrevivente da desastrosa batalha com um ardor maternal redobrado: ela viveu com ele, tomou conta dele, velava-o, defendendo-o contra a vida e contra ele mesmo. Certamente – concluiu Willis, com uma razão elevada e imparcial –, se o devotamento da mulher, nascido com um primeiro amor e mantido pela paixão humana, glorifica e consagra seu objeto, que não dizer em favor daquele que inspirou um devotamento como esse, puro, desinteressado e santo como uma sentinela divina? Os detratores de Poe deviam, com efeito, ter observado que há seduções tão poderosas que não podem ser senão virtudes.

Adivinha-se quão terrível foi a notícia para a infeliz mulher. Ela escreveu uma carta a Willis, da qual eis algumas linhas:

"Soube esta manhã da morte de meu bem-amado Eddie... Podeis transmitir-me alguns detalhes, algumas circunstâncias?... Oh! Não abandoneis vossa pobre amiga nesta amarga aflição. Dizei a M. para vir ver-me; tenho de desincumbir-me junto dele de uma comissão da parte de meu pobre Eddie. Não tenho necessidade de pedir-vos para anunciar sua morte, e falar bem dele. Sei que o fareis. Mas não deixeis de dizer que filho afetuoso ele era para mim, sua pobre mãe desolada..."

Essa mulher me parece grande e mais que antiga. Atingida por um golpe irreparável, ela não pensa senão na reputação daquele que era tudo para ela. E não basta, para contentá-la, que se diga que ele era um gênio, é preciso que se saiba que ele era um homem de dever e de afeição. É evidente que esta mãe – chama e lareira acendidas por um raio do mais alto Céu – foi dada como exemplo a nossas raças tão pouco zelosas do devotamento, do heroísmo e de tudo aquilo que é mais que o dever. Não seria justiça inscrever no alto das obras do poeta o nome daquele que foi o sol moral de sua vida? Ele embalsamará em sua glória o nome da mulher cuja ternura sabia pensar suas feridas, e cuja imagem volteará incessantemente acima do martirológio da literatura.

III

A vida de Poe, seus costumes, suas maneiras, seu ser físico – tudo o que constitui o conjunto de seu personagem nos aparece como algo de tenebroso e brilhante ao mesmo tempo. Sua pessoa era singular, sedutora e, como suas obras, marcada por um indefinível traço de melancolia. De resto, ele era notavelmente bem-dotado de todos os modos. Jovem, havia mostrado uma rara aptidão para todos os exercícios físicos e, embora fosse pequeno, com pés e mãos de mulher, todo seu ser levando de resto esse caráter de delicadeza feminina, ele era robusto e capaz de maravilhosas demonstrações de força. Ganhou, em sua juventude, uma aposta de nadador que ultrapassa a medida ordinária do possível. Dir-se-ia que a Natureza dá àqueles de quem quer tirar grandes coisas um temperamento enérgico, como ela dá uma possante vitalidade às árvores que são encarregadas de simbolizar o luto e a dor. Esses homens, com aparências às vezes acanhadas, são talhados como atletas, bons para a orgia e para o trabalho, prontos aos excessos e capazes de espantosa sobriedade.

Existem alguns pontos relativos a Edgar Poe sobre os quais há uma certa unanimidade: por exemplo, sua alta distinção natural, sua eloqüência e beleza – da qual, pelo que se diz, ele não se envaidecia. Suas maneiras, mistura singular de distinção e uma doçura bizarra, eram cheias de certeza. Fisionomia, andar, gestos, movimentos de cabeça – tudo o apresentava, sobretudo nos seus bons dias, como uma criatura eleita. Todo seu ser respirava uma solenidade penetrante. Ele era realmente marcado pela Natureza, como essas figuras de passantes que atraem o olhar do observador e ocupam sua memória. O próprio Griswold, pedante e azedo, confessa que, quando foi visitar Poe e o encontrou ainda pálido e abatido pela doença e morte de sua mulher, ficou especialmente impressionado, não somente com a perfeição de suas maneiras, mas ainda com a fisionomia aristocrática, com a atmosfera perfumada de seu apartamento, por sinal bem modestamente mobiliado. Griswold ignorava que o poeta tivesse, mais que todos os homens, esse maravilhoso privilégio atribuído à mulher parisiense e à espanhola, de saber adornar-se com um nada, e que Poe, amante do belo em todas as coisas, teria encontrado a arte de transformar uma cabana num palácio de nova espécie. Não escreveu ele, com o espírito mais original e curioso, projetos de mobiliários, planos de casa de campo, jardins e reformas de paisagens?

Existe uma carta encantadora da sra. Frances Osgood, uma das amigas de Poe, que nos dá sobre seus costumes, sua pessoa e vida doméstica os pormenores mais curiosos. Esta senhora, que era ela própria uma distinta literata, nega vigorosamente todos os vícios e faltas censurados ao poeta.

> "Com os homens", diz ela a Griswold, "talvez ele fosse tal qual o pintais, e como homem podeis ter razão. Mas eu afirmo que com as mulheres ele era completamente outro, e jamais uma mulher pôde conhecer o sr. Poe sem experimentar por ele um profundo interesse. Ele nunca me apareceu senão como um modelo de elegância, distinção e generosidade.
>
> "A primeira vez que nos vimos foi na Astor-House. Willis me havia passado, durante o jantar, "O Corvo", sobre o qual o autor, me disse, que gostaria de conhecer minha opinião. A música misteriosa e sobrenatural desse poema estranho me penetrou tão intimamente que, logo que soube que Poe desejava ser-me apresentado, experimentei um sentimento singular e que parecia medo. Ele apareceu com sua cabeça bela e orgulhosa, seus olhos sombrios que dardejavam uma luz de eleição, uma luz de sentimento e de pensamento, com suas maneiras que eram uma mistura intraduzível de distinção e suavidade. Ele me cumprimentou, calmo, grave, quase frio; mas sob essa frieza vibrava uma simpatia tão nítida que não pude impedir-me de ficar profundamente impressionada. A partir desse momento até sua morte fomos amigos... e sei que, nas suas últimas palavras, tive minha parte de recordação, e ele me deu, antes que sua razão fosse precipitada de seu trono de soberana, uma prova suprema de sua fidelidade à amizade.
>
> "Era sobretudo em seu interior, a um tempo simples e poético, que o caráter de Edgar Poe me parecia sob sua mais bela luz. Doidivanas, afetuoso, espiritual, ora dócil e

ora mau como um *enfant gâté*, ele tinha sempre para a sua jovem, doce e adorada mulher, e para todos os que vinham, mesmo em meio a suas mais fatigantes tarefas literárias, uma palavra amável, um sorriso acolhedor, atenções graciosas e corteses. Ele passava horas intermináveis em sua escrivaninha, sob o retrato de sua Lenore, a amada e morta, sempre assíduo, sempre resignado e fixando, com sua admirável escrita, brilhantes fantasias que atravessavam seu impressionante cérebro incessantemente desperto. Eu me lembro de tê-lo visto, uma manhã, mais feliz e alegre que de costume. Virgínia, sua doce mulher, me havia pedido que os fosse ver e me era impossível resistir a essas solicitações... Eu o encontrei trabalhando na série de artigos que ele publicou sob o título *The Literati of New York*. 'Veja', me disse, desenrolando, com um riso de triunfo, vários pequenos rolos de papel (ele escrevia sobre tiras estreitas, sem dúvida para conformar sua cópia às normas dos jornais), 'vou mostrar-lhe, pela diferença das extensões, os diversos graus de estima que tenho em relação a cada membro de sua gente literária. Em cada um desses papéis um de vocês é polemizado e devidamente discutido. Venha cá, Virgínia, e me ajude!' E eles os desenrolaram todos, um a um. Por fim, havia um que parecia interminável. Virgínia, rindo, recuava até o canto da sala segurando-o por uma ponta, e seu marido rumo ao outro canto, com a outra ponta. 'E quem é o felizardo', disse, 'que você julgou digno dessa incomensurável doçura?' 'Imagine', exclamou ele, 'como se o seu coraçãozinho vaidoso não tivesse já dito que é ela mesma!'

"Quando fui obrigada a viajar, por causa de minha saúde, mantive uma correspondência regular com Poe, obedecendo nisso às vivas solicitações de sua mulher, que acreditava que eu podia ter sobre ele uma influência e ascendência salutares... Quanto ao amor e à confiança que existiam entre sua mulher e ele, e que era para mim um espetáculo delicioso, não saberia falar com bastante convicção, com bastante calor. Negligencio alguns pequenos episódios poéticos em que ele lançou seu temperamento romanesco. Penso que ela era a única mulher que ele amou verdadeiramente..."

Nas novelas de Poe, nunca há amor. Pelo menos *Ligéia* e *Eleonora* não são, propriamente falando, histórias de amor, a idéia principal sobre a qual gira a obra sendo sempre outra. Talvez ele acreditasse que a prosa não fosse uma língua à altura desse bizarro e quase intraduzível sentimento, pois suas poesias, ao contrário, dele estão fortemente saturadas. A divina paixão aí aparece magnífica, estrelada, e sempre velada por uma irremediável melancolia. Em seus artigos, ele fala algumas vezes de amor, como de uma coisa cujo nome faz fremir a pena. Em *The Domain of Arnheim*, ele afirmará que as quatro condições elementares da felicidade são: a vida ao ar livre, o amor de uma mulher, o desprendimento de toda ambição e a criação de um novo Belo. O que corrobora a idéia da sra. Frances Osgood relativamente ao respeito cavalheiresco de Poe pelas mulheres é que, malgrado seu prodigioso talento para o grotesto e o horrível, não há em toda sua obra uma única passagem que guarde traço de lubricidade ou mesmo de prazeres sensuais. Seus retratos de mulheres são, por assim dizer, aureolados; eles brilham no seio de um vapor sobrenatural e são pintados com a maneira enfática de um adorador. Quanto aos "pequenos episódios romanescos", será de espantar que um ser tão nervoso, cuja sede do Belo fosse talvez o traço principal, tenha por vezes, com um ardor apaixonado, cultivado a galanteria, essa flor vulcânica e almiscarada para quem o cérebro borbulhante dos poetas é um terreno de predileção?

De sua singular beleza pessoal, de que falam vários biógrafos, o espírito pode, acredito, fazer uma idéia aproximativa, chamando em seu socorro todas as noções vagas – mas, entretanto, características – contidas na palavra romântico, que serve geralmente para dar conta dos gêneros de beleza que consistem, sobretudo, na expressão. Poe tinha uma testa ampla, dominadora, em que certas protuberâncias traíam as faculdades transbordantes que elas são encarregadas de representar – construção, comparação, causalidade – e na qual reinava, num orgulho calmo, o sentimento da idealidade, o sentido estético por excelência. Entretanto, malgrado esses dons, ou mesmo por causa de seus privilégios exorbitantes, essa cabeça vista de perfil não oferecia talvez um aspecto agradável. Como em todas as coisas excessivas por um sentido, um déficit poderia resultar da abundância, uma pobreza da usurpação. Ele tinha grandes olhos a um tempo sombrios e cheios de luz, de uma cor indecisa e tenebrosa, puxada ao violeta, o nariz nobre e sólido, a boca fina e triste, embora ligeiramente sorridente, a tez morena-clara, o rosto geralmente pálido, a fisionomia um pouco distraída e imperceptivelmente mascarada por uma melancolia habitual.

Sua conversação era das mais notáveis e essencialmente nutritiva. Ele não era o que se chama um bem-falante – uma coisa horrível – e, por outro lado, sua fala como sua pena tinha horror ao convencional; mas um vasto saber, uma lingüística poderosa, estudos profundos, impressões colhidas nos diversos países faziam dessa palavra um ensinamento. Sua eloqüência, essencialmente poética, cheia de método e movendo-se sempre fora de todo método conhecido, um arsenal de imagens tiradas de um mundo pouco freqüentado pela multidão de espíritos, uma arte prodigiosa em deduzir de uma proposição evidente e absolutamente aceitável percepções secretas e novas, a abrir espantosas perspectivas, e, numa palavra, a arte de maravilhar, de fazer pensar, de fazer sonhar, de arrancar as almas do lodo da rotina – tais eram as fervilhantes faculdades de que muita gente guarda a memória. Mas acontecia às vezes – diz-se, pelo menos – que o poeta, comprazendo-se num capricho destrutivo, trazia bruscamente seus amigos à terra por um cinismo aflitivo e demolia brutalmente sua obra de espiritualidade. De resto, é de notar-se que ele era muito pouco difícil na escolha de seus ouvintes, e creio que o leitor encontrará sem dificuldade, na História, outras grandes e originais inteligências para quem toda companhia era boa. Certos espíritos, solitários em meio à multidão e que se passam no monólogo, não têm de fazer gentilezas em matéria de público. É, em resumo, uma espécie de fraternidade baseada no desprezo.

Da embriaguez – celebrada e censurada com uma insistência que poderia levar a crer que todos os escritores dos Estados Unidos, com exceção de Poe, são anjos de sobriedade –, é preciso, entretanto, falar. Várias versões são plausíveis, e nenhuma exclui as outras. Antes de tudo, sou obrigado a notar que Willis e a sra. Osgood afirmam que uma quantidade muito pequena de vinho ou de licor bastava para perturbar completamente sua organização. Por outro lado, é fácil supor que um homem tão realmente solitário, tão profundamente infeliz e que pode várias vezes encarar todo o sistema social como um paradoxo e uma impostura, um homem que, atormentado por um destino sem piedade, repetia freqüentemente que a sociedade não é senão uma multidão de miseráveis (é Griswold que conta isso, tão escandalizado quanto um homem que pode pensar a mesma coisa, mas que não a dirá jamais) – é natural, digo, supor que esse poeta jogado, ainda criança, nos azares da vida livre, o cérebro pressionado por um trabalho árduo e contínuo, tenha procurado por vezes uma volúpia de esquecimento nas garrafas. Rancores literários, vertigens do infinito, problemas domésticos, insultos da miséria, Poe fugia de tudo na escuridão da embriaguez como numa tumba preparatória. Mas, por boa que pareça esta explicação, eu não a considero suficientemente ampla, e desconfio dela devido à sua deplorável simplicidade.

Fico sabendo que ele não bebia como apreciador, mas como um bárbaro, como uma atividade e uma economia de tempo completamente americanas, como cumprindo uma função homicida, como tendo nele "alguma coisa" a matar, *a worm that would not die*. Conta-se, por outro lado, que um dia, no momento de se casar novamente (os banhos estavam publicados, e como era felicitado por uma união que punha em suas mãos as mais altas condições de felicidade e bem-estar, ele teria dito: "É impossível que tenham visto os banhos, mas notem bem isto: não me casarei!"). Ele foi, espantosamente bêbado, escandalizar a vizinhança daquela que devia ser sua mulher, lançando, assim, mão de seu vício para livrar-se de um perjúrio para com a pobre morta cuja imagem vivia sempre nele e que havia admiravelmente cantado em seu "Annabel Lee". Considero, portanto, num grande número de casos, o fato infinitamente precioso da premeditação como adquirido e constatado.

Leio, por outro lado, num longo artigo do *Southern Literary Messenger* – essa mesma revista onde ele havia começado sua fortuna – que jamais a pureza, o acabamento de seu estilo, a nitidez de seu pensamento, seu ardor no trabalho foram alterados por este terrível hábito; que a confecção da maioria de seus trechos excelentes precedeu ou sucedeu a uma de suas crises; que, após a publicação de *Eureka*, ele se entregou deploravelmente à sua inclinação, e em Nova York, na mesma manhã em que aparecia "O Corvo", enquanto o nome do poeta estava em todas as bocas, ele atravessava a Broadway cambaleando acintosamente. Observem que as palavras *precedeu* e *sucedeu* implicam que a bebedeira podia servir tanto de excitante como de relaxante.

Ora, é incontestável que, semelhantes a essas impressões fugidias e marcantes – tanto mais marcantes em seus retornos quanto elas são mais fugidias – que seguem às vezes um sintoma exterior, uma espécie de advertência, como um som de sino, uma nota musical ou um perfume esquecido, e que são elas próprias seguidas de um acontecimento similar a uma ocorrência já conhecida e que ocupava o mesmo lugar numa cadeia anteriormente revelada, semelhantes a esses singulares sonhos periódicos que freqüentam nosso sono, existem na embriaguez não apenas encadeamentos de sonhos, mas séries de arrazoados que têm necessidade, para se reproduzirem, do meio que lhes deu origem. Se o leitor me acompanhou sem repugnância, já adivinhou minha conclusão; acredito que, em muitos casos, não certamente em todos, a bebedeira de Poe era um meio mnemônico, um método de trabalho, método enérgico e mortal, mais apropriado à sua natureza apaixonada. O poeta havia aprendido a beber como um literato cuidadoso se aplica a fazer cadernos de notas. Ele não podia resistir ao desejo de reencontrar as visões maravilhosas e aterradoras, as concepções sutis que havia encontrado numa tempestade precedente: eram velhas conhecidas que o atraíam imperativamente, e, para estar com elas, ele tomava o caminho mais perigoso, mas o mais direto. Uma parte do que faz hoje nosso prazer é o que o matou.

IV

Das obras deste singular gênio, tenho pouca coisa a dizer. O público dirá o que pensa disso. Ser-me-ia difícil, talvez, mas não impossível, destrinchar seu método, explicar seu procedimento, sobretudo na parte de suas obras onde o principal efeito reside numa análise bem arquitetada. Eu poderia introduzir o leitor nos mistérios de sua criação, estender-me longamente sobre essa porção de gênio americano que faz rejubilar-se de uma dificuldade vencida, de um enigma explicado, de um *tour de force* bem-sucedido – que o leva a lançar-se com uma volúpia infantil e quase perversa no mundo das probabilidades e das conjecturas e a criar falsas novelas às quais sua arte sutil deu uma vida verossimilhante. Ninguém negará que Poe seja um prestidigitador maravilhoso, e sei que ele dava sua estima, sobretudo, a uma parte de suas obras. Tenho algumas observações mais importantes a fazer, de resto muito breves.

Não é por seus milagres materiais – que, não obstante, fizeram renome – que lhe será dado conquistar a admiração das pessoas que pensam; é por seu amor ao Belo, por seu conhecimento das condições harmônicas da beleza, por sua poesia profunda e queixosa, trabalhada – não obstante, transparente e correta como uma jóia de cristal – por seu admirável estilo, puro e bizarro – fechado como as malhas de uma armadura –, complacente e minucioso, e do qual a mais ligeira intenção serve a conduzir docemente o leitor em direção a um fim desejado, e, finalmente, sobretudo por esse gênio todo especial, por esse temperamento único que lhe permitiu pintar e explicar, de maneira impecável, envolvente, terrível, *a exceção na ordem moral*. Diderot, para tomar um exemplo entre cem, é um autor sangüíneo. Poe é o escritor dos nervos, e mesmo de algo mais – e o melhor que conheço.

Nele, toda entrada em assunto é sedutora, sem violência, como um turbilhão. Sua solenidade surpreende e mantém acordado o espírito. Sente-se, desde o início, que se trata de alguma coisa grave. E lentamente, pouco a pouco, se desenvolve uma história em que todo o interesse repousa sobre um imperceptível desvio do intelecto, uma hipótese audaciosa, uma dosagem imprudente da Natureza no amálgama das faculdades. O leitor, preso pela vertigem, é constrangido a seguir o autor em suas irresistíveis deduções.

Nenhum homem, eu repito, jamais contou com mais magia as exceções da vida humana e da Natureza; os ardores de curiosidade da convalescença; os fins de estação carregados de esplendores enervantes, os tempos quentes, úmidos e brumosos, em que o vento sul amolece e distende os nervos como as cordas de um instrumento, em que os olhos se enchem de lágrimas que não vêm do coração; a alucinação dando primeiro lugar à dúvida, logo convencida e razoável como um livro; o absurdo se instalando na inteligência e governando com uma lógica espantosa; a histeria usurpando o lugar da vontade, a contradição estabelecida entre os nervos e o espírito, e o homem desencontrado ao ponto de exprimir a dor pelo riso. Ele analisa o que há de mais fugidio, ele pondera o imponderável e descreve, com aquela maneira minuciosa e científica, cujos efeitos são terríveis, todo esse imaginário que flutua em torno do homem nervoso e o conduz ao desastre.

O próprio ardor com que ele se joga no grotesco, por amor ao grotesco, e no horrível, por amor ao horrível, serve-me para verificar a sinceridade de sua obra e o acordo do homem com o poeta. Já observei que, em vários homens, esse ardor era freqüentemente o resultado de uma vasta energia vital não ocupada, às vezes de uma castidade teimosa e, também, de uma profunda sensibilidade reprimida. A volúpia sobrenatural que o homem pode experimentar ao ver correr seu próprio sangue, os movimentos súbitos, violentos, inúteis, os grandes gritos lançados no ar, sem que o espírito tenha comandado a garganta, são fenômenos a alinhar na mesma ordem.

No seio dessa literatura onde o ar é rarefeito, o espírito pode experimentar essa vaga angústia, esse medo pronto às lágrimas e esse mal-estar do coração que habitam os lugares imensos e singulares. Mas a admiração é a mais forte e, por outro lado, a arte é tão grande! Os fundos e os acessórios aí são apropriados ao sentimento dos personagens. Solidão da Natureza ou agitação das cidades, tudo aí é descrito nervosa e fantasticamente. Como nosso Eugène Delacroix, que elevou sua arte à altura da grande poesia, Edgar Poe ama agitar suas figuras sobre fundos violáceos e esverdeados onde se revelam a fosforescência da podridão e o cheiro da tempestade. A Natureza, dita inanimada, participa da natureza dos seres vivos – e, como eles, estremece de um tremor sobrenatural e galvânico. O espaço é aprofundado pelo ópio; o ópio dá um sentido mágico a todas as tintas e faz vibrar todos os ruídos com uma sonoridade mais significativa. Algumas vezes, escapadas magníficas, cheias de luz e cor, se abrem subitamente nas paisagens e vê-se aparecer, ao fundo de seus horizontes, cidades orientais e arquiteturas, vaporizadas pela distância, onde o sol lança chuvas de ouro.

Os personagens de Poe – ou, antes, o personagem de Poe: o homem de faculdades superapuradas, o homem de nervos relaxados, o homem cuja vontade ardente e paciente lança um desafio às dificuldades, aquele cujo olhar se estende com a inflexibilidade de uma espada sobre objetos que crescem à medida que os olha – é o próprio Poe. E as mulheres, todas luminosas e doentes, morrendo de males bizarros e falando com uma voz que parece uma música, são ainda ele – ou, pelo menos, por suas aspirações estranhas, por sua sabedoria, por sua melancolia incurável, elas participam fortemente da natureza de seu criador. Quanto à mulher ideal, à sua Titanida, ela se revela sob diferentes retratos esparsos nas suas poesias muito pouco numerosas, retratos – ou, antes, maneiras de sentir a beleza – que o temperamento do autor aproxima e confunde numa unidade vaga, mas sensível, e onde vive, mais delicadamente talvez que em outras partes, esse amor insaciável pelo Belo, que é seu grande título, isto é, o resumo de seus títulos à afeição e ao respeito dos poetas.

Reunimos sob o título *Histórias Extraordinárias* diversos contos escolhidos da obra geral de Poe. Esta obra se compõe de um número considerável de novelas, de uma quantidade não menos intensa de artigos críticos e de artigos diversos, de um poema filosófico (*Eureka*), de poesias e de um romance puramente humano (*As Aventuras de Arthur Gordon Pym*). Se encontrar, como espero, oportunidade de falar deste poeta, darei a análise de suas opiniões filosóficas e literárias, uma vez que a tradução completa de suas obras teria poucas chances de sucesso junto ao público, que prefere muita distração e emoção à mais importante verdade filosófica.

A IMAGINAÇÃO

Evolução de um tema diacrônico supranacional nas teorias de Coleridge, E. Poe e Baudelaire

Em 1857, ano em que transcorre o processo que acabou por condenar *As Flores do Mal*, Baudelaire redige um ensaio – *Novas Notas sobre Edgar Poe* – em que, destacando a importância do estudo *The Poetic Principle*, faz a defesa das principais idéias de Poe sobre poesia, as quais ele próprio assimila e desenvolve.

Nos dois primeiros capítulos desse ensaio, Baudelaire aproveita para lançar duras críticas contra as sociedades norte-americana e francesa, "sem dúvida para aliviar um pouco a cólera que inspiram à minha alma livre as sociedades mercantilistas e fisiocráticas", como se justifica em carta a Maria Clemm, sogra de Poe.

A partir do III capítulo, porém, passa a tirar conclusões literárias:

> "Um tal meio social engendra necessariamente erros literários correspondentes. Foi contra esses erros que Poe

reagiu tão constantemente quanto pôde, e com todas as suas forças. Não devemos, pois, admirar-nos de que os escritores americanos, embora reconhecendo sua potência singular como poeta e como contista, tenham sempre querido minimizar seu valor como crítico.

(................................)

"Edgar Poe, divisando o mundo do espírito em puro intelecto, gosto e sentido moral, aplicava a crítica considerando o objeto de sua análise como pertencendo a uma dessas três divisões.

(................................)

"Para ele, a imaginação é uma rainha das faculdades, mas por essa palavra ele entende alguma coisa de maior que o que é entendido pelo comum dos leitores. A imaginação não é a fantasia; ela não é também a sensibilidade, embora seja difícil conceber um homem imaginativo que não fosse sensível. A imaginação é uma faculdade quase divina que percebe tudo primeiro, fora dos métodos filosóficos, as relações íntimas e secretas das coisas, as correspondências e as analogias. As honras e as funções que ele confere a essa faculdade lhe dão um tal valor (pelo menos quando se compreendeu bem o pensamento do autor) que um sábio sem imaginação não surge senão como um falso sábio, ou, pelo menos, como um sábio incompleto."

(...................................)

Será que outros souberam como Baudelaire "compreender" tão bem "o pensamento do autor"? Em outras palavras: nessa conceituação de Imaginação, quanto existe de Poe e quanto de Baudelaire?

Em seu grande livro *L'Esthétique de Baudelaire*, Andrè Ferran comenta, levantando dados: "Não foi a simples intuição de uma comunhão de alma e de vida que conduziu Baudelaire a Poe. Foi um longo estudo de sua existência, de suas obras, de seu caráter. Ele tem sob os olhos, para julgar o escritor e o jornalista, a coleção dos números de dois anos em que E. A. Poe dirigiu a revista *Southern Literary Messenger*, nos Estados Unidos. Ele se aplica, pois, a conhecê-lo, e seu entusiasmo tem por base o estudo minucioso de seu autor".

Por outro lado, continua Ferran, "a afinidade de temperamento não explicaria tudo. A realidade é que Baudelaire e Poe tiraram suas inspirações dos mesmos mestres e que, bem ou mal, ambos receberam as marcas do romantismo".

Se considerarmos que durante sua estadia na Inglaterra, de 1815 a 1820, Edgar Poe travou conhecimento com o romantismo inglês, incluindo a obra de Coleridge e Wordsworth – que, por sua vez, logo chegou à França –, talvez se possa perguntar se influências comuns não determinaram em parte esses estranhos pontos de contato entre as conceituações de E. Poe e de Baudelaire, poetas que cultivaram a crítica e a teorização poética.

Samuel Taylor Coleridge é um escritor da mesma estirpe dos dois. Não apenas um dos grandes poetas ingleses do início do século XIX, cultivou também a teoria e a crítica. Coleridge, apesar de sua época, tem consciência daquilo que hoje chamamos "escritura" e é um dos teóricos românticos que, depois da crise e derrota da estética desse período, ainda desperta interesse autêntico. Suas discussões sobre Imaginação e Fantasia tiveram grande repercussão tanto em seu país como nos Estados Unidos.

Lendo sua *Biographia Literaria*, de 1817, sentimos que, nessa famosa discussão acadêmica com seu amigo Wordsworth, Coleridge conseguiu dar com uma série de fórmulas que certamente não passaram despercebidas a Poe, bem como a Baudelaire.

No capítulo XIII dessa obra, que expressa suas teorias estéticas, mediante uma autobiografia mais ou menos fictícia, ele afirma:

> "Assim, considero que a Imaginação pode ser primária ou secundária. A Imaginação primária é para mim o

poder vital e principal agente de toda percepção humana, uma repetição na mente finita do ato eterno de criação no Eu Sou infinito. Considero a Imaginação secundária como um eco da precedente, que coexiste com a vontade consciente, e, não obstante idêntica à primária quanto ao mundo de ação, é distinta apenas no grau e forma de seu funcionamento. Dissolve, difunde, dissipa para recriar ou, inclusive, se esta ação é impossibilitada, luta ainda por idealizar e unificar. É essencialmente vital, apesar de todos os objetos que são essencialmente fixos e mortos.

"A Fantasia, pelo contrário, não pode jogar senão com o fixo e o definido. A Fantasia não é certamente mais que uma modalidade da Memória emancipada da ordem temporal e espacial, misturada e modificada por esse fenômeno empírico da vontade que chamamos Escolha. Da mesma forma que a memória comum, a Fantasia deve receber todos os seus materiais já preparados pela lei de associação."

E, no capítulo seguinte, acrescenta:

"Minhas conclusões sobre a natureza da poesia no sentido mais estrito da palavra foram adiantadas na discussão anterior sobre Fantasia e Imaginação. 'Que é poesia?' é uma pergunta tão parecida com 'Que é um poeta?' que a resposta a uma fica implicada na solução da outra, posto que é uma distinção que resulta das características do gênio poético mesmo, que sustenta e modifica as imagens, pensamentos e emoções com a mente do poeta.

(.....................................)

"Por fim, o Sentido Comum é o corpo do gênio poético, a Fantasia suas vestimentas, o Movimento sua vida, e a Imaginação é a Alma que está em todas as partes e em cada uma, e molda o conjunto num todo grácil e inteligente."

Assim, vemos que o crítico americano E. Poe foi certamente leitor do crítico inglês Coleridge, e Baudelaire, enquanto crítico e formulador de uma estética moderna, teve contato com as teorias poéticas de Poe, senão com as de Coleridge, diretamente. E notamos que, diacronicamente, há uma evolução na estruturação do tema da Imaginação nesses três autores de línguas, países e fases históricas diferentes.

Claudio Guillén, em seu livro *Entre lo Uno y lo Diverso*, de 1985, destaca que "o comparatismo culmina no estudo daqueles conjuntos supranacionais que são estruturas diacrônicas – ou daquelas estruturas diacrônicas que são conjuntos supranacionais". E prossegue: "A tarefa principal da Literatura Comparada, no seu entender, é a investigação, explicação e ordenação de estruturas diacrônicas supranacionais".

Após essa investigação preliminar, procuraremos esboçar uma ordenação da evolução do conceito de Imaginação, esse tema estrutural da poética que lança raízes desde o romantismo até atingir o simbolismo e início da modernidade.

Enquanto as conceituações de Coleridge datam de uma de suas últimas obras, o mesmo não acontece com Baudelaire, que aprofundou bastante seu próprio conceito de imaginação criadora, a ponto de suas reflexões a esse respeito constituírem uma de suas importantes contribuições ao nascimento da estética e lírica modernas.

Coleridge, de certa maneira, se limita a distinguir e opor a Imaginação à Fantasia, estabelecendo, entretanto, a primazia inquestionável de uma obra a outra.

Num segundo momento, E. A. Poe, embora fale muito de novidade e originalidade como requisitos da poesia, considera que a Imaginação, tal como a Fantasia em Coleridge, constitui um poder de escolha, ou um jogo antes combinatório, não sendo a Imaginação, para ele, criadora em si. Em suas *Obras Críticas*, escreve:

> "A Imaginação possivelmente é, no Homem, um grau menor do poder criador de Deus. Contudo, o que a Deida-

de imagina *é*, mas não era antes. O que o Homem imagina *é*, mas *era* antes. O espírito do Homem não pode imaginar o que *não é*".

Em Baudelaire, para dar um exemplo extraído de sua *Correspondência*, vemos que para ele a Imaginação é uma faculdade de papel mais profundo e amplo: "O poeta é a inteligência mais elevada e a imaginação é a mais científica de todas as faculdades". Considera-a como capacidade criadora por excelência, concebendo-a como uma elaboração do intelecto.

Em 1859, escreve em suas *Curiosidades Estéticas II:*

> "Foi a imaginação que ensinou aos homens os valores morais da cor, forma, som e perfumes. No começo do mundo, a imaginação criou a analogia e a metáfora. A imaginação decompõe toda a criação segundo leis que provêm do mais profundo interior da alma, recolhe e articula as partes e cria um mundo novo, e até mesmo um novo reino da experiência sensorial. E, como a imaginação criou esse mundo (podemos dizê-lo, creio eu, mesmo em sentido religioso), é lógico que seja a mesma faculdade a governá-lo".

Que distância da formulação de E. Poe! Pode-se dizer que para Baudelaire, sim, "a imaginação é a rainha das faculdades"!

Voltando ao estudo de Ferran, devemos concordar com ele quando diz que convém precisar que, em virtude mesmo das fontes e influências comuns, a obra de Baudelaire não deve à de Poe o melhor de sua substância. Estudando a obra de Poe em relação à de Baudelaire, veremos que a estética de Baudelaire encontra nas doutrinas de Poe um apoio, uma confirmação, e mesmo impulsos preciosos, mas Baudelaire empresta a Poe qualidades que lhe são próprias.

Seria, portanto, necessário considerar de perto o papel criador no fenômeno da influência, deixando de lado a visão simplista de uma mera recepção passiva, mas antes lhe conferindo um caráter criador e expressivo.

Quanto a uma explicação para essa ampliação diacrônica e supranacional que sofreu o conceito de Imaginação de Coleridge a Baudelaire, via E. Poe, aventaríamos a hipótese de que correspondeu a uma necessidade de misticismo e idealismo estético para se contrapor à tendência ao materialismo, ao utilitarismo e, sobretudo, ao didatismo academicista que na época ameaçava sufocar o belo e o artístico.

Finalmente, do ponto de vista da historiografia da literatura comparada, gostaríamos de destacar, a respeito dessa trajetória que percorre o conceito de Imaginação em meio século, o seguinte comentário de Claudio Guillén:

> "O itinerário temporal da literatura é um processo complexo e seletivo de acrescentação. Os sistemas literários evoluem de uma maneira muito especial, que se caracteriza pela continuidade de certos componentes, a desaparição de outros, o despertar de possibilidades esquecidas, a veloz irrupção de novidades, o efeito retardado de outras.
>
> (...)
>
> "As recuperações são características de todas ou quase todas as épocas. Alcançar ou recorrer ao passado, como diz Wellek, é uma coordenada fundamental da história da literatura."

Bibliografia:

Baudelaire, Charles – *Notes Nouvelles sur Edgar Poe* in *Oeuvres Complètes*, Robert Laffont, Paris, 1980.

Coleridge, Samuel Taylor – *Biographia Literaria*, Editorial Labor S.A. Barcelona, 1975.

Ferran, Andrè – *L'Esthétique de Baudelaire*, A. G. Nizet, Paris, 1968.

Guillén, Claudio – *Entre lo Uno y lo Diverso*, Editorial Crítica, Barcelona, 1985.

NOVAS NOTAS SOBRE EDGAR POE[1] (1857)

I

Literatura de decadência! – Palavras vazias que ouvimos freqüentemente sair, com a sonoridade de um estrebuchamento enfático, da boca dessas esfinges sem enigma que velam diante das portas sagradas da Estética clássica. A cada vez que o irrefutável oráculo ressoa, pode-se afirmar que se trata de uma obra mais divertida que a *Ilíada*. Tratase, certamente, de um poema ou romance cujas partes são habilmente arranjadas para a surpresa, cujo estilo é magnificamente ornado, onde todos os recursos da linguagem e prosódia são utilizados por mão impecável. Quando ouço roncar o anátema – que, para dizer de passagem, recai geralmente sobre algum poeta preferido –, sou sempre tomado da vontade de responder: "Tomais-me por um bárbaro como vós e me acreditais capaz de divertir-me tão tristemente quanto vós?" Comparações grotescas se agitam então no meu cérebro; parece-me que duas mulheres me são apresentadas: uma, matrona rústica, repugnante com sua saúde e virtude, sem donaire e sem olhar, em suma não devendo nada que não seja à simples Natureza; a outra, uma dessas belezas que dominam e oprimem a lembrança, unindo a seu charme profundo e original a eloqüência da toalete, senhora de seu andar, consciente e rainha de si mesma – uma voz falando como um instrumento bem afinado, e olhares carregados de pensamentos, não deixando transparecer senão aquilo que eles desejam. Minha escolha não daria margem a dúvidas e, entretanto, há esfinges pedagógicas que me censurariam por faltar à honra clássica. Mas, para deixar de lado as parábolas, creio que me é permitido perguntar a esses homens sábios se eles compreendem bem toda a vaidade, toda a inutilidade de sua sabedoria. A expressão *literatura de decadência* implica que existe uma escala de literaturas: uma balbuciante, uma pueril, uma adolescente etc. Essa expressão, quero dizer, supõe alguma coisa de fatal e de providencial, como um decreto inelutável; é completamente injusto censurar-nos por cumprir a lei misteriosa. Tudo o que posso compreender da palavra acadêmica é que é vergonhoso obedecer a essa lei com prazer, e que somos culpados de nos rejubilarmos com nossos destinos – esse sol que há algumas horas esmagava todas as coisas com sua luz direta e branca vai em breve inundar o horizonte ocidental de cores variadas. Nos jogos desse sol agonizante, certos espíritos poéticos encontrarão novas delícias; eles aí descobrirão colunadas resplandescentes, cascatas de metal fundido, paraísos de fogo, um esplendor triste, e volúpia da saudade, todas as magias dos sonhos, todas as recordações do ópio. E o pôr-do-sol lhes aparecerá com efeito como a maravilhosa alegoria de uma alma carregada de vida que desce por trás do horizonte com uma magnífica provisão de pensamentos e de sonhos(2).

Mas aquilo em que os professores jurados não pensaram é que, no movimento da vida, tal complicação, tal combinação pode apresentar-se totalmente inesperada para sua sabedoria de escolares. E, então, sua língua insuficiente se acha falha, como no caso – fenômeno que se multiplicará talvez com variações – em que uma nação começa pela decadência e debuta por onde as outras terminam.

Que entre as imensas colônias do presente século se façam novas literaturas, produzir-se-ão nelas muito certamente acidentes espirituais de uma natureza desconcertante para o espírito da escola. Jovem e velha ao mesmo tempo, a América tagarela e diz tolices com uma volubilidade espantosa. Quem poderia contar seus poetas? Eles são inumeráveis. Suas literatas pedantes? Elas enchem as revistas. Seus críticos? Creio que ela possui pedantes bem semelhantes aos nossos, sempre prontos a chamar o artista à beleza antiga, a questionar um poeta ou um romancista sobre a moralidade de seus fins e a qualidade de suas intenções. Há lá como aqui, mas mais ainda que aqui, literatos que não conhecem ortografia; uma atividade pueril, inútil; compiladores em abundância, esquadrinhadores, plagiadores de plágios e críticos de críticos. Nessa ebulição de mediocridade, nesse mundo fascinado pelos aperfeiçoamentos materiais – escândalos de novo tipo que faz compreender a grandeza dos povos vagabundos –, nessa sociedade ávida de surpresas, amante da vida, mas sobretudo de uma vida cheia de excitações, surgiu um homem que foi grande, não somente por sua sutileza metafísica, pela beleza sinistra ou espantosa de suas concepções, pelo rigor de sua análise, mas grande também e não menos grande como *caricatura*. É preciso que eu me explique com certo cuidado, porque, recentemente, um crítico imprudente se servia, para denegrir Edgar Poe e para duvidar da sinceridade de minha admiração, da palavra *charlatão* que eu próprio havia aplicado ao nobre poeta quase como um elogio.

Do seio de um mundo glutão, ávido de materialidades, Poe se lançou nos sonhos. Sufocado que estava pela atmosfera americana, ele escreveu no topo de *Eureka*: "Ofereço este livro àqueles que puseram sua fé nos sonhos como únicas realidades!" Foi, portanto, um admirável protesto; ele o fez e o fez à sua maneira, *in his own way*. O autor que, em *Colóquio entre Monos e Una*, derramou em torrentes seu desprezo e seu desgosto sobre a democracia, o progresso e a *civilização*, esse autor é o mesmo que, para arrebatar a credulidade, para maravilhar a basbaquice dos seus, sustentou o mais energicamente a soberania humana e fabricou mais engenhosamente as lorotas mais bajuladoras para o orgulho do *homem moderno*. Visto sob tal ângulo, Poe surge para mim como o mais ínfimo dos escravos que quer fazer enrubescer seu amo. Finalmente, para firmar meu pensamento de uma maneira ainda mais clara, Poe foi sempre grande, não somente em suas concepções nobres, mas ainda como farsante(3).

II

Pois ele jamais se enganou! Não acredita que o virginiano que escreveu, tranqüilamente, em meio ao transbordamento democrático: "O povo nada tem a ver com as leis, se não é para obedecê-las" tenha alguma vez sido vítima da sabedoria moderna; e: "O nariz de um populacho é sua imaginação; é por esse nariz que sempre se poderá facilmente conduzi-lo"; além de cem outras passagens onde a zombaria chove, a cântaros, mas não obstante desdenhosa e altaneira. Os adeptos de Swedenborg(4) o felicitam por sua *Revelação Magnética*, semelhantes a esses ingênuos iluminados que antigamente viam no autor do *Diabo Amoroso*(5) um revelador de seus mistérios. Eles lhe agradecem pelas grandes verdades que ele acaba de proclamar – pois eles descobriram (oh!, verificador daquilo que não pode ser verificado!) que tudo o que ele enunciou é absolutamente verdadeiro –, embora, de início, confessam esses bravos cidadãos, eles tenham tido a suspeita de que bem podia ser uma simples ficção. Poe respondia que, de sua parte, jamais duvidou disso. Será preciso citar ainda esta pequena passagem que me salta aos olhos folheando pela centésima vez suas divertidas *Marginalia*, que são como a câmara secreta de seu espírito: "A enorme multiplicação dos livros em todos os ramos de conhecimentos é um dos maiores flagelos desta época! Pois ela é um dos mais sérios obstáculos à aquisição de todo conhecimento positivo". Aristocrata mais ainda por natureza que por nascimento, o virginiano, o homem do Sul, o Byron desgarrado num mundo mau, sempre guardou sua impassibilidade filosófica e – seja definindo o nariz do populacho, seja zombando dos fabricadores de religiões, seja escarnecendo das bibliotecas – ele permanece o que foi e o que será sempre: o verdadeiro poeta – uma verdade vestida de uma maneira bizarra, um paradoxo aparente que não quer ser acotovelado pela multidão e que corre ao Extremo Oriente quando o fogo de artifício se lança para o poente(6).

Mas eis o mais importante de tudo: observaremos que este autor, produto de um século enfatuado de si mesmo, filho de uma nação mais enfatuada dela mesma que qualquer outra, viu claramente, afirmou imperturbavelmente a maldade natural do homem. Há no homem, diz ele, uma força misteriosa de que a moderna filosofia não se quer dar conta; e não obstante, sem essa força sem nome, sem essa inclinação primordial, uma enorme porção das ações humanas permanecerão inexplicadas, inexplicáveis. Essas ações não têm outra atração senão *porque* são más, perigosas; elas possuem a sedução do abismo. Essa força primitiva, irresistível, é a *Perversidade* natural, que faz com que o homem seja sem cessar e ao mesmo tempo homicida e suicida, assassino e algoz. Pois, ele acrescenta, com uma sutileza notavelmente satânica, a impossibilidade de encontrar um motivo razoável e suficiente para certas ações más e perigosas poderia levar-nos a considerar como o resultado das sugestões do Diabo se a experiência e a História não nos ensinassem que Deus freqüentemente tira delas o estabelecimento da ordem e o castigo dos maus – *depois de se ter servido dos próprios patifes como cúmplices*!, tais são os termos que se insinuam, eu o confesso, em meu espírito, como um subentendido tão pérfido quanto inevitável. Mas não quero, de momento, ter em conta senão a grande verdade esquecida: a perversidade primordial do homem – e não é sem uma certa satisfação que vejo certos restos perdidos da antiga sabedoria nos retornarem de um país de onde não se esperava. É agradável que algumas explosões de velha verdade saltem assim ao rosto de todos os cumprimentadores da Humanidade, de todos esses acalentadores que repetem com todas as variações possíveis de tom: "Nasci bom, e você também, e todos nós, todos nascemos bons", esquecendo – não!, fingindo esquecer, esses igualitários de disparate – que nascemos todos marcados pelo mal![(7)]

De que mentira poderia ser vítima aquele que, por vezes – dolorosa necessidade dos meios –, se ajustava a elas tão bem? Que desprezo pela filosofice, em seus bons dias, nos dias em que ele estava, por assim dizer, iluminado! Esse poeta, de quem várias ficções parecem feitas à perfeição para confirmar a pretendida onipotência do homem, quis algumas vezes ele próprio purgar-se. No dia em que escreveu: "Toda certeza está nos sonhos", ele rechaçava seu americanismo para a região das coisas inferiores. Outras vezes, retomando a verdadeira via dos poetas, obedecendo sem dúvida à inelutável verdade que nos persegue como um demônio, ele lançava os ardentes suspiros do *anjo caído que se lembra dos Céus*[(8)]: ele enviava suas saudades à idade do ouro e ao Édem perdido; chorava todas essas magnificências da Natureza, *ressecando-se diante do bafo quente dos fornos*. Enfim, ele lançava essas admiráveis páginas: *Colóquio entre Monos e Una*[9], que teriam encantado e perturbado o impecável De Maistre[10].

Foi ele que disse, a propósito do socialismo, na época em que este ainda não tinha um nome, que esse nome pelo menos não estava completamente vulgarizado: "O mundo está atualmente infestado por uma nova seita de filósofos, que não são ainda reconhecidos como formando uma seita, e que, conseqüentemente, não adotaram esse nome. São os que *crêem em toda velharia* (como se diria: pregadores velhos). O grande papa no Leste é Charles Fourier[11] – no Oeste, Horace Greely[12]; e, grandes papas, eles têm conhecimento de causa. O único laço comum entre a seita é a credulidade – chamemos a isso demência e não falemos mais disso. E, se ele é consciencioso (os ignorantes geralmente o são), vos dará uma resposta análoga à de Talleyrand quando lhe perguntaram por que ele acreditava na Bíblia. 'Creio nela', disse ele, 'primeiro porque sou bispo de Antun, e, em segundo lugar, *porque não entendo absolutamente nada dela*. O que esses tais filósofos chamam *argumento* é uma forma que eles têm de *negar* aquilo que é e de explicar o que não é'."

O progresso, essa grande heresia da decrepitude, não podia também escapar-lhe. O leitor verá, em diferentes passagens, de que termos ele se serve para caracterizá-lo. Dir-se-ia, vedadeiramente vendo o ardor que nisso põe, que ele tinha de vingar-se como que de uma calamidade pública. Quanto teria ele rido, desse riso derrisivo do poeta que jamais engrossa a penca de basbaques, se ele tivesse topado, como me aconteceu recentemente, com essa frase espantosa que lembra os absurdos e voluntários bufos dos palhaços e que eu encontrei se pavoneando perfidamente num jornal mais que sério: "O progresso incessante da ciência permitiu recentemente encontrar o segredo perdido e há tanto tempo procurado de... (fogo grego, têmpera de cobre, não importa o quê desaparecido), cujas aplicações mais bem-sucedidas remontam a uma época bárbara e muito antiga!!!" Eis uma frase que se pode chamar um verdadeiro achado, uma espantosa descoberta, mesmo num século de progresso incessante. Mas acredito que a múmia Allamistakeo[(13)] não teria deixado de perguntar, com o tom doce e discreto da superioridade, se era também graças ao progresso incessante – à lei fatal, irresistível do progresso – que esse famoso segredo se havia perdido. Assim também, para deixar por aí o tom da farsa, num assunto que contém tanto de lágrimas como de riso, não é uma coisa verdadeiramente estupidificante ver uma nação, várias nações, em breve toda a Humanidade, dizer a seus sábios, a seus magos: "Eu vos amarei e vos farei grandes se vós me persuadirdes de que progredimos mesmo sem querer, inevitavelmente – dormindo; livrai-nos da responsabilidade, poupai-nos da humilhação das comparações, sofisticai a História e podereis proclamar-vos os sábios dos sábios?" Não é de causar espanto que esta idéia tão simples não espouque em todos os cérebros: que o progresso (se é que há progresso) aperfeiçoa a dor na proporção em que refina a volúpia e, se a epiderme dos povos se vai tornando mais delicada, eles não perseguem evidentemente senão uma *Italiam fugientem*[(14)], uma conquista a cada minuto perdida, um progresso sempre negador de si mesmo?[(15)]

Mas estas ilusões, interessantes de resto, tiram sua origem de um fundo de perversidade e mentira – meteoros dos pântanos – que levam ao desdém almas amorosas do fogo eterno, como Edgar Poe, e exasperam as inteligências obscuras, como Jean-Jacques[(16)], cuja sensibilidade ferida e pronta à revolta se faz passar por filosofia. Que este tivesse razão contra o *animal depravado*, isso é incontestável; mas o animal depravado tem o direito de censurá-lo por invocar a simples Natureza. A Natureza não faz senão monstros, e toda a questão está em entender-se a palavra *selvagens*. Nenhum filósofo ousará propor por modelos essas infelizes hordas corrompidas, vítimas dos elementos, pasto de bestas, tão incapazes de fabricar armas quanto de conceber a idéia de um poder espiritual e supremo. Mas, se se quer comparar o homem moderno, o homem civilizado, com o selvagem, ou antes, uma nação dita civilizada com uma dita selvagem, isto é, privada de todas as engenhosas invenções que dispensam o indivíduo do heroísmo, quem não vê que todo homem é selvagem?(17) Por sua natureza, por necessidade mesmo, ele é enciclopédico, enquanto o homem civilizado se acha confinado nas regiões infinitamente pequenas da especialidade. O homem civilizado inventa a filosofia do progresso para consolar-se de sua abdicação e perda de poder, ao passo que o homem selvagem – esposo temido e respeitado, guerreiro obrigado à bravura pessoal, poeta nas horas melancólicas em que o sol poente convida a cantar o passado e os ancestrais – se aproxima mais das fronteiras do ideal. Que lacuna ousaremos apontar-lhe? Ele tem o padre, o feiticeiro e o médico. Que digo? Ele tem o dândi(18), encarnação suprema da idéia do belo transposta para a vida material, aquele que dita a forma e a regra das maneiras. Suas roupas, seus adornos, suas armas, seu cachimbo testemunham uma faculdade inventiva que há tempos nos desertou. Compararemos nossos olhos preguiçosos e nossos ouvidos ensurdecidos com esses olhos que penetram a bruma, com esses ouvidos que *ouviriam a erva que cresce?* E a mulher selvagem, de alma simples e infantil, animal obediente e meigo, dando-se inteira e sabendo que ela não é senão a metade de um destino, nós a declararemos inferior à dama norte-americana, de quem o sr. Bellegarigue(19) (redator do *Guia de Especiarias*!) acreditou ter feito o elogio dizendo que ela era o ideal da mulher sustentada? Essa mesma mulher, cujos costumes por demais positivos inspiraram a Edgar Poe – ele, tão galante, tão respeitoso da beleza – as tristes linhas seguintes: "Essas imensas bolsas, semelhantes ao pepino gigante, que estão na moda entre nossas belas, não têm, como se crê, uma origem parisiense; elas são perfeitamente indígenas. Por que uma tal moda em Paris, onde uma mulher não leva na bolsa senão seu dinheiro? Mas a bolsa de uma americana! É preciso que essa bolsa seja bastante ampla para que ela aí possa pôr todo seu dinheiro – mais toda sua alma!" Quanto à religião, eu não falarei de Vitizilipoutzli[(20)] tão ligeiramente quanto o fez Alfred de Musset. Confesso, sem vergonha, que prefiro de muito o culto de Teutates[(21)] ao de Mamon[(22)]; e o sacerdote que oferece ao cruel extorquidor hóstias humanas de vítimas que querem morrer me parece um ser completamente doce e humano, comparado ao financista que não imola as populações senão a seu próprio interesse. De longe essas coisas são ainda entrevistas e encontrei certa vez, num artigo do sr. Barbey d'Aurevilly, uma exclamação de tristeza filosófica que resume tudo o que eu gostaria de dizer sobre esse assunto: "Povos civilizados, que atirais sem cessar pedras aos selvagens, em breve não merecereis nem mesmo ser idólatras!"

Um tal meio – eu já o disse, não posso resistir ao desejo de repeti-lo – não é feito para os poetas. O que um espírito francês, digamos o mais democrático, entende por um Estado não encontraria lugar num espírito americano. Por toda inteligência do Velho Mundo, um Estado político tem um centro de movimento, que é seu cérebro e seu sol, lembranças antigas e gloriosas, longos anais poéticos e militares, uma aristocracia a quem a pobreza, filha das revoluções, não pode senão juntar um lustre paradoxal. Mas isso!, essa multidão de vendedores e compradores, esse sem nome, esse monstro sem cabeça, esse deportado para além do oceano, em Estado! Em verdade eu me pergunto se um vasto cabaré, onde o consumidor aflui e trata de negócios sobre mesas sujas, na desordem de propósitos vis, pode ser comparado a um *salão*, ao que chamaríamos antigamente um salão, república do espírito presidida pela beleza!

Será sempre difícil exercer, nobre e frutiferamente ao mesmo tempo, o estado de homem de letras sem se expor à difamação, à calúnia dos impotentes, a inveja dos ricos – essa inveja que é seu castigo! –, às vinganças da mediocridade burguesa. Mas, o que é difícil numa monarquia temperada ou numa república normal, torna-se quase impraticável numa espécie de Babel onde cada agente de polícia da opinião exerce controle em proveito de seus vícios – ou de suas virtudes, é tudo a mesma coisa; onde um poeta, um romancista de um país onde há escravos, é um escritor detestável aos olhos de um crítico abolicionista; onde não se sabe qual é o maior escândalo: se o desalinho do cinismo ou a imperturbabilidade da hipocrisia bíblica. Queimar negros acorrentados, culpados de terem sentido as faces negras formigar do rubor da honra, atirar com revólver numa platéia de teatro, estabelecer a poligamia nos paraísos do Oeste, que os selvagens (esse termo tem o ar de uma injustiça) não tinham ainda manchado, com suas vergonhosas utopias, afixar sobre os muros, sem dúvidas para consagrar o princípio da liberdade ilimitada, *a cura das doenças de nove meses*, tais são alguns dos traços relevantes, algumas das ilustrações morais do nobre país de Franklin, o inventor da moral de balcão[(23)], o herói de um século votado à matéria. É bom lançar sem cessar o olhar sobre essas maravilhas de brutalidade, num tempo em que a americanomania se tornou quase uma paixão de bom-tom, ao ponto de um arcebispo ter podido prometer-nos sem rir que a Providência nos chamaria em breve a fruir desse ideal transatlântico.

III

Um tal meio social engendra necessariamente erros literários correspondentes. Foi contra esses erros que Poe reagiu tão freqüentemente quanto pôde, e com todas as suas forças[(24)]. Não devemos, portanto, admirar-nos de que os escritores americanos, ao mesmo tempo em que reconhecendo sua potencialidade singular como poeta e contista, tenham sempre querido minimizar seu valor como crítico. Num país onde a idéia de utilidade, a mais hostil do mundo à idéia de beleza, prima e domina sobre tudo o mais, o crítico perfeito será o mais *honorável*, isto é, aquele cujas tendências e desejos se aproximem o mais possível das tendências e desejos de seu público – aquele que, confundindo as faculdades e os gêneros de produção, atribuirá a todas um fim único; aquele que buscará num livro de poesia os meios de aperfeiçoar a consciência. Naturalmente ele se tornará tanto menos preocupado com as belezas reais, positivas, da poesia; ele será tanto menos chocado pelas imperfeições e mesmo pelas falhas da execução. Edgar Poe, ao contrário, divisando o mundo do espírito em *puro intelecto, gosto e sentido moral*, aplicava a crítica considerando o objeto de sua análise como pertencendo a uma dessas três divisões.[(25)] Ele era antes de tudo sensível à perfeição do plano e à correção da execução; desmontando as obras literárias como peças mecânicas defeituosas (para o fim que elas queriam atingir), anotando cuidadosamente as falhas de fabricação; e, quando ele passava ao pormenor da obra, à sua expressão plástica, ao estilo, em uma palavra, investigava, sem omissão, as falhas de prosódia, os erros gramaticais e toda essa massa de escórias que, entre os escritores não-artistas, mancham as melhores intenções e deformam as concepções mais nobres.

Para ele, a imaginação é a rainha das faculdades, mas, por essa palavra, entende alguma coisa de maior que o que é entendido pelo comum dos leitores. A imaginação não é a fantasia; ela não é também a sensibilidade, embora seja difícil conceber um homem imaginativo que não fosse sensível. A imaginação é uma faculdade quase divina que percebe tudo primeiro, fora dos métodos filosóficos, as relações íntimas e secretas das coisas, as correspondências e as analogias. As honras e as funções que ele confere a essa faculdade lhe dão um tal valor (pelo menos quando se compreendeu bem o pensamento do autor) que um sábio sem imaginação não surge senão como um falso sábio, ou pelo menos como um sábio incompleto.(26)

Entre os domínios literários onde a imaginação pode obter os resultados mais curiosos – onde pode recolher os tesouros, não os mais ricos, os mais preciosos (estes pertencem à poesia), mas os mais numerosos e os mais variados –, há um a que Poe se afeiçoa particularmente: é a Novela. Ela tem sobre o romance de vastas proporções a imensa vantagem de que sua brevidade se acrescenta à intensidade do efeito. Essa leitura, que pode ser feita de um só fôlego, deixa no espírito uma lembrança bem mais poderosa que uma leitura quebrada, interrompida freqüentemente pelos negócios e pelo cuidado dos interesses mundanos. A unidade de impressão, a *totalidade* do efeito é uma imensa vantagem que pode dar a esse gênero de composição uma superioridade toda particular, ao ponto de que uma novela demasiado curta (é, sem dúvida, um defeito) ainda assim tem mais valor que uma excessivamente longa. O artista, se é hábil, não acomodará seus pensamentos aos incidentes; mas, tendo concebido deliberadamente, a bel-prazer, um efeito a produzir, inventará os incidentes, combinará os acontecimentos mais próprios a levar ao efeito desejado. Se a primeira frase não é escrita tendo em vista preparar essa impressão final, a obra é frustrada desde o início. Em toda a composição não se deve insinuar uma única palavra que não seja uma intenção, que não tenda, direta ou indiretamente, a perfazer o desígnio premeditado.[27]

Há um ponto pelo qual a novela tem uma superioridade, mesmo sobre o poema. O ritmo é necessário ao desenvolvimento da idéia de beleza, que é o fim maior e mais nobre do poema. Ora, os artifícios do ritmo são um obstáculo intransponível a esse desenvolvimento minucioso de pensamentos e de expressões que têm por objeto a *verdade*. Pois a verdade pode ser muitas vezes a finalidade da novela, e o raciocínio o melhor instrumento para a construção de uma novela perfeita. É por isso que esse gênero de composição, que não está situado a uma tão grande altura quanto a poesia pura, pode fornecer produtos os mais variados e os mais facilmente apreciáveis para o comum dos leitores. Além disso, o autor de uma novela tem à sua disposição uma multidão de tons, de nuanças de linguagem – o tom raciocinador, o sarcástico, o humorístico – que a poesia repudia, e que são como dissonâncias, ultrajes à idéia de beleza pura. E é também o que faz com que o autor que persegue numa novela um simples fim de beleza não trabalhe senão com grande desvantagem, privado que está do instrumento mais útil, o ritmo. Sei que, em todas as literaturas, esforços foram feitos, algumas vezes felizes, para criar esses contos puramente poéticos; o próprio Edgar Poe os fez muito belos. Mas são lutas e esforços que não servem senão para demonstrar a força dos verdadeiros meios adaptados aos fins correspondentes, e eu não estaria longe de crer que, entre alguns autores, os maiores que se possa escolher, essas tentativas heróicas viessem de um desespero.

IV

"*Genus irritabile vatum*![28] Que os poetas (servimonos da palavra em sua acepção mais ampla e compreendendo todos os artistas) sejam uma raça irritável, isso é bem sabido; mas o *porquê* não me parece tão geralmente compreendido. Um artista não é um artista senão graças a seu sentido especial do belo – sentido que lhe propicia fruições embriagantes, mas que ao mesmo tempo implica, compreende um sentido igualmente especial de toda deformidade e de toda desproporção. Assim um mal, uma injustiça feita a um poeta que é verdadeiramente um poeta o exaspera a um grau que parece, a um julgamento ordinário, em completa desproporção com a injustiça cometida. O poeta jamais vê injustiça onde ela não exista, mas muito freqüentemente lá onde os olhos não poéticos não vêem absolutamente nada. Assim, a famosa irritabilidade poética não tem relação com o temperamento, compreendido no sentido vulgar, mas com uma clarividência mais que ordinária com relação às faltas e à injustiça. Essa clarividência não é outra coisa senão um corolário da viva percepção do verdadeiro, da justiça, da proporção, em uma palavra, do belo. Mas há uma coisa bem clara: é que o homem que não é (no julgamento comum) *irritabilis* não é absolutamente um poeta."

Assim fala o próprio poeta, preparando uma excelente e irrefutável apologia para todos os de sua raça. Essa sensibilidade Poe a levava nos assuntos literários, e a extrema importância que ele conferia às coisas da poesia o induziam a um tom no qual, no julgamento dos fracos, a superioridade se fazia sentir por demais. Já observei, creio, que vários dos preconceitos que ele precisava combater – idéias falsas, julgamentos vulgares que circulavam em torno dele – têm infectado já há muito tempo a imprensa francesa. Não seria, portanto, inútil fazer um levantamento sumário de algumas de suas opiniões mais importantes relativas à composição poética.[29] O paralelismo do erro tornará a aplicação muito fácil.

Mas, antes de mais nada, devo dizer que, dando lugar ao poeta natural, à sua parte natural, Poe também abria outro à ciência, ao trabalho e à análise – o que parecerá exorbitante aos orgulhosos não-eruditos. Ele não somente despendeu esforços consideráveis para submeter à sua vontade o demônio fugitivo dos momentos felizes – para invocar gradualmente essas sensações bizarras, essas apetências espirituais, esses estados de santidade poética, tão raros e tão preciosos que poderiam ser considerados verdadeiramente como graças exteriores ao homem e como visitações –, mas também submeteu a inspiração ao método, à análise mais severa(30). A escolha dos meios!, ele volta sobre isso sem cessar, insiste com uma eloqüência sábia sobre a apropriação do meio ao efeito, sobre o uso da rima, o aperfeiçoamento do refrão, a adaptação do ritmo ao sentimento. Ele afirmava que aquele que não sabe captar o intangível não é poeta; que só é poeta quem é senhor de sua memória, soberano das palavras, registro de seus próprios sentimentos, sempre pronto a deixar-se folhear. Tudo para o desenlace!, repete ele freqüentemente. Mesmo um soneto tem necessidade de um plano, e a construção, a armadura, por assim dizer, é a maior garantia da vida misteriosa das obras do espírito.

Eu recorro naturalmente ao artigo intitulado *The Poetic Principle* e aí encontro, desde o início, um vigoroso protesto contra o que se poderia chamar, em matéria de poesia, a heresia da extensão ou da dimensão – o valor atribuído aos poemas grandes: "Um poema longo não existe; o que se entende por um poema longo é uma perfeita contradição de termos". Com efeito, um poema não merece esse título senão na medida em que ele excita, arrebata a alma, e o valor positivo de um poema está na razão dessa excitação, desse arrebatamento da alma. Mas, por necessidade psicológica, todas as excitações são fugidias e transitórias. Esse estado singular – em que a alma do leitor foi, por assim dizer, levada pela força – não durará certamente tanto quanto a leitura do poema que ultrapasse a tenacidade de entusiasmo de que a natureza humana é capaz.(31)

Eis evidentemente o poema épico condenado. Pois uma obra dessa dimensão não pode ser considerada como poética senão na medida em que se sacrifique a condição vital de toda obra de arte, a Unidade. Não quero falar da unidade na concepção, mas da unidade na impressão, na *totalidade* do efeito, como já disse quando comparei o romance com a novela. O poema épico nos aparece então, esteticamente falando, como um paradoxo. É possível que as idades antigas tenham produzido séries de poemas líricos, religados posteriormente pelos compiladores em poemas épicos; mas toda *intenção épica* resulta evidentemente de um sentido imperfeito da arte. O tempo dessas anomalias artísticas passou, e é mesmo bastante duvidoso que um poema longo possa ter sido verdadeiramente popular em toda a força do termo.

É preciso acrescentar que um poema demasiado curto, aquele que não fornece um *pabulum*(32) suficiente à excitação criada, aquele que não é igual ao apetite natural do leitor, é também muito defeituoso. Por brilhante e intenso que seja o efeito, ele não é durável; a memória não o retém, é como um sinete que, posto muito ligeiramente e às pressas, não teve tempo de impor sua imagem à cera.

Mas há uma outra heresia que, graças à hipocrisia, à lerdeza e à baixeza dos espíritos, é bem mais temível e tem possibilidades de duração maiores, um erro que tem a vida mais difícil de erradicar: quero falar da heresia do *ensino*, que compreende como corolários inevitáveis a heresia da *paixão*, da *verdade* e da *moral*. Muitas pessoas imaginam que o fim da poesia é um ensinamento qualquer, que ela tanto deve fortificar a consciência como aperfeiçoar os costumes ou, enfim, demonstrar o que quer que seja de útil. Edgar Poe pretende que os americanos patrocinaram especialmente essa idéia heterodoxa. Lamentavelmente, não é necessário ir até Boston para deparar-se com a heresia em questão. Aqui mesmo ela nos assedia, e todos os dias ela causa danos à verdadeira poesia. A poesia – por pouco que se queira aprofundar em si mesmo, interrogar a própria alma, invocar as lembranças de entusiasmo – não tem outro fim senão ela mesma; ela não pode ter outro, e nenhum poema será grande, nobre, verdadeiramente digno do nome de poema senão o que for escrito unicamente pelo prazer de escrever-se um poema(33).

Eu não quero dizer que a poesia não enobreça os costumes – que me compreendam bem! –, que seu resultado final não seja o de elevar o homem acima do nível dos interesses vulgares; seria evidentemente um absurdo. Digo que, se o poema procurou um fim moral, ele diminuiu sua força poética; e não é imprudente apostar que sua obra será má. A poesia não pode, sob pena de morte ou fracasso, assimilar-se à ciência ou à moral; ela não tem a Verdade por objeto – não tem senão ela mesma. Os modos de demonstração de verdade são outros, e se encontram em outra parte. A verdade não tem nada a ver com canções. Tudo o que faz o charme, a graça, o irresistível de uma canção roubaria à verdade sua autoridade e seu poder. Frio, calmo, impassível, o humor demonstrativo repele os diamantes e as flores da Musa; ele é, portanto, absolutamente o inverso do humor poético.

O intelecto puro visa à verdade, o gosto nos mostra a beleza e o sentido moral nos ensina o dever. É verdade que o sentido do meio tem conexões íntimas com os dois extremos e ele não está separado do sentido moral senão por uma diferença tão ligeira que Aristóteles não hesitou em enquadrar entre as virtudes algumas de suas delicadas operações. Da mesma forma, no espetáculo do vício, o que exaspera sobretudo o homem de gosto é a deformidade, a desproporção. O vício faz afronta ao justo e ao verdadeiro, revolta o intelecto e a consciência; mas, como ultraje à harmonia, como dissonância, ele ferirá mais particularmente certos espíritos poéticos; e não acredito que seja escandalizante considerar toda infração à moral, ao belo moral, como uma espécie de falta contra o ritmo e a prosódia universais[34].

É esse admirável, esse imortal instinto do belo que nos faz considerar a Terra e seus espetáculos como um bosquejo, como uma correspondência do Céu. A sede insaciável de tudo o que está além e revela a vida é a prova mais viva de nossa imortalidade. É ao mesmo tempo pela poesia e por meio dela, pela música e por meio dela, que a alma entrevê os esplendores situados por trás do túmulo. E quando um poema bizarro traz lágrimas à beira dos olhos, essas lágrimas não são a prova de um excesso de fruição: elas são antes o testemunho de uma melancolia irritada, de uma postulação dos nervos, de uma natureza exilada no imperfeito e que desejaria apoderar-se imediatamente, sobre esta mesma Terra, de um paraíso revelado[35].

Assim, o princípio da poesia é simplesmente a aspiração humana por uma beleza superior, e a manifestação desse princípio está num estusiasmo, numa excitação da alma, entusiasmo completamente independente da paixão, que é a embriaguez do coração, e da verdade, que é o alimento da razão[36]. Pois a paixão é natural, excessivamente natural para não introduzir um tom dissonante no domínio da beleza pura, excessivamente familiar e violenta para não escandalizar os puros desejos, as graciosas melancolias e os nobres desesperos que habitam as regiões sobrenaturais da poesia[37].

Essa elevação extraordinária, essa delicadeza bizarra, esse toque de imortalidade que Edgar Poe exige da Musa, longe de torná-lo menos atento às práticas de execução, levaram-no a aguçar incessantemente seu gênio de praticante. Muitas pessoas, aquelas sobretudo que leram "O Corvo", se escandalizariam se eu analisasse o artigo em que nosso poeta, ingenuamente em aparência, mas com uma ligeira impertinência que não lhe posso censurar, explicou minuciosamente o modo de construção que ele empregou, a adaptação do ritmo, a escolha do refrão – o mais breve possível e o mais suscetível de aplicações variadas e, ao mesmo tempo, o mais representativo da melancolia e de desespero, ornado a uma rima a mais sonora de todas (*nevermore*, nunca mais) –, a escolha de um pássaro capaz de imitar a voz humana, mas de um pássaro – o corvo – marcado na imaginação popular por um caráter funesto e fatal, a escolha do tom o mais poético, o amor por uma morta etc. "E eu não situarei", diz ele, "o herói de meu poema num meio pobre, pois que a pobreza é trivial e contrária à idéia de beleza. Sua melancolia terá por morada um quarto magnífico e poeticamente mobiliado". O leitor surpreenderá em várias novelas de Poe sintomas curiosos desse gosto imoderado pelas belas formas, sobretudo por belas formas singulares, pelos ambientes ornamentados e pelas suntuosidades orientais[(38)].

Disse que esse artigo me parecia maculado por uma ligeira impertinência. Os partidários da inspiração, por sua vez, não deixariam de ver nele uma blasfêmia e uma profanação; mas acredito que é para eles que esse artigo foi especialmente escrito[(39)]. O quanto certos escritores afetam o abandono, visando a obra-prima de olhos vendados, cheios de confiança na desordem e esperando que os caracteres atirados ao teto recaiam como poema sobre o chão, Edgar Poe – um dos homens mais inspirados que conheço – cuidou de esconder a espontaneidade, de simular sangue frio e deliberação. "Acredito poder ufanar-me" – diz ele com um orgulho engraçado e que não considero de mau gosto – "de que nenhum ponto de minha composição foi abandonado ao acaso, e que toda a obra caminhou passo a passo em direção ao fim com a precisão e a lógica rigorosa de um problema matemático". Não há, digo eu, senão amadores do acaso, fatalistas da inspiração e fanáticos do *verso branco* que possam considerar bizarras essas *minúcias*. Não há minúcias em matéria de arte[(40)].

A propósito dos versos brancos, acrescentarei que Poe conferia uma importância extrema à rima e, na análise que fez do prazer matemático e musical que o espírito tira da rima, pôs tanto cuidado, tanta sutileza quanto em todos os assuntos que dizem respeito ao ofício poético[41].

Da mesma forma como havia demonstrado que o refrão é suscetível de aplicações infinitamente variadas, ele também buscou renovar, redobrar o prazer da rima acrescentando-lhe esse elemento inesperado, a *estranheza*, que é como o condimento indispensável de toda beleza[42]. Ele faz freqüentemente um uso feliz das repetições do mesmo verso ou de vários versos, recorrências obstinadas de frases que simulam as obsessões da melancolia ou da idéia fixa, do refrão puro e simples, mas apresentado de várias maneiras diferentes – do refrão variante, que simula a indolência e a distração, rimas redobradas e triplas e, também, um gênero de rima que introduz na poesia moderna, mas com mais precisão e intenção, as surpresas do verso leonino[43].

É evidente que o valor de todos esses meios não pode ser verificado senão pela aplicação; e uma tradução de poesias assim desejadas, tão concentradas, pode ser um sonho acariciador, mas não mais que um sonho. Poe fez poucas poesias; ele algumas vezes lamentou não poder entregar-se mais freqüentemente, mais exclusivamente, a esse gênero de trabalho que considerava como o mais nobre. Mas sua poesia é sempre de um efeito poderoso. Não é a efusão ardente de Byron, não é a melancolia mole, harmoniosa, distinta de Tennyson – por quem ele tinha, seja dito de passagem, uma admiração quase fraternal. É alguma coisa de profundo e de luzente como o sonho, de misterioso e perfeito como o cristal[44]. Não preciso acrescentar, presumo, que os críticos americanos muitas vezes denegriram essa poesia. Muito recentemente eu encontrava, num dicionário de biografias americanas, um artigo em que ela era decretada estranha, em que se confessava que era de se temer que essa musa vestida sabiamente fizesse escola no glorioso país da moral útil, e onde, enfim, se lamentava que Poe não tivesse aplicado seus talentos à expressão das verdades morais em lugar de os despender em busca de um ideal bizarro e de prodigalizar em seus versos uma voluptuosidade misteriosa, é verdade, mas sensual.

Nós conhecemos essa esgrima leal. As censuras que os maus críticos fazem aos bons poetas são as mesmas em todos os países. Lendo esse artigo, parecia-me ler a tradução de um desses numerosos ataques levantados pelos críticos parisienses contra aqueles de nossos poetas que são os mais amorosos de perfeição! Nossos preferidos são fáceis de adivinhar, e toda alma amante de poesia pura compreenderá que digo que, entre nossa raça antipoética, Victor Hugo seria menos admirado se fosse perfeito – é que ele não pôde fazer-se perdoar por todo seu gênio lírico senão introduzindo à força e brutalmente em sua poesia aquilo que Edgar Poe considerava como a heresia moderna capital: o *ensinamento*.

NOTAS CRÍTICAS E ELUCIDATIVAS

1. As *Novas Notas sobre Edgar Poe* foram publicadas como apresentação das *Nouvelles Histoires Extraordinaires*, aparecidas no início de março de 1859. Foram redigidas, entretanto, em 1857, ano em que transcorre o processo que acabou por condenar *Les Fleus du mal*. Este ensaio parece ter sido um daqueles a que Baudelaire mais se afeiçoava, pois, repetiu trechos inteiros que nele aparecem em ensaios de anos subseqüentes. Nele o poeta tem oportunidade de lançar violenta catilinária contra a burguesia americana e francesa, "sem dúvida para aliviar um pouco a cólera que inspiram à minha alma livre as sociedades mercantilistas e fisiocráticas", como afirma em sua carta a Maria Clemm. Além disso, certamente apoiado no ensaio *The Poetic Principle*, faz a defesa das principais idéias de

Poe sobre poesia, as quais ele próprio assimila e desenvolve de maneira muito pessoal.

2. A alegoria do pôr-do-sol certamente alude ao fato de o romantismo, em contraposição ao classicismo, assumir a consciência da decadência. Enquanto um cultua a alegria e serenidade como valores espirituais herdados da idade antiga, o outro descobre a melancolia e a dor cósmica como predicados de nobreza da alma. Tal tendência continua e se modifica com Baudelaire, pois com ele a literatura se torna literatura de oposição à sociedade, ou uma literatura do "futuro", com crescente orgulho pelo isolamento. Com essa alegoria, quer-se situar o poeta em sua época, vista como "tempo final". O mesmo simbolismo aparece em sua poesia "Le Coucher du Soleil Romantique", de 1862, que alude ao obscurecimento definitivo da alma; só no noturno e no anormal pode o poeta moderno escapar à trivialidade do "progresso" que caracteriza o tempo final.
3. É contra o pano de fundo da decadência americana que Baudelaire vê Poe emergir com sua grandeza contraditória que lança mão até mesmo da farsa e da caricatura. O amor de Baudelaire por essas formas ficou conhecido, seja por sua admiração por outros caricaturistas como Daumier, seja pelas atitudes de mímico excêntrico que adotou ao longo de sua vida. Tal fenômeno se esclarece se se tem em mente que tanto Baudelaire quando Poe tiveram de desempenhar o papel de poeta aos olhos de sociedades que já prescindem do poeta autêntico, e que lhe reservam apenas o espaço de um papel circense ou caricatural. Nesse sentido, o charlatanismo ou a farsa constituem facetas do papel trágico a que o poeta está condenado na época moderna – são formas da heroicidade com que resiste.
4. Sectários de uma igreja, A Nova Jerusalém, fundada por Swedenborg, teósofo sueco (1688-1772), que pretendia ter como missão regenerar o Cristianismo. Da Inglaterra e da Suécia, eles se espalharam pelos Estados Unidos.
5. Cazzotte, literato francês (1719-1792), autor do relato fantástico *Le Diable Amoureux*.
6. Baudelaire emitiu contra o povo idéias igualmente antidemocráticas: "O verdadeiro santo é aquele que chicoteia e mata o povo para o bem do povo" (Fusées). Seu horror da democracia é tal que os preconceitos que alimenta contra ela se baseiam em argumentos inesperados: "Porque os democratas não gostam de gatos é fácil de adivinhar. O gato é belo; ele inspira as idéias de luxo, de limpeza, de voluptuosidade etc." As críticas de Poe e seus contemporâneos encontram em Baudelaire

a mais fervorosa adesão. Como se vê, trata-se de uma ligação de sentido biográfico: Baudelaire vê o seu destino representado no de Poe, na sua fuga supostamente aristocrática à cultura americana massificada. Mas o agudo espírito crítico do poeta norte-americano não escapou a outros artistas de diferente posições, como Henry James, que dele diz: "É provavelmente o mais requintado e completo espécime de provincianismo jamais preparado para a edificação dos homens" (*Hawthorne* - New York, 1879). "Poe era", diz T. S. Eliot, "não somente um crítico heroicamente corajoso... mas um crítico de primeiro plano"(*The National Athenaeum*, maio 1927).

7. Sobre a questão do mal e do satanismo em Poe, disse Baudelaire no prefácio *Edgar Poe, sa Vie e ses Ouvres*: "O gênero peculiar de Poe, esse temperamento único, permitia-lhe – num estilo simultaneamente impecável e horrivelmente impositivo – revelar a imagem da irregularidade na ordem moral. Permitam que repita: ninguém deteve jamais tão maravilhoso êxito na descrição das anomalias humanas".
   A imaginação romântica não acreditava no pecado original; a Natureza era boa. Com Poe e Baudelaire, dá-se exatamente o contrário. Ambos concebem para a arte uma transcendência sobrenatural – "magia", mesmo que diabólica.
   A moralidade concebida por Baudelaire é algo que a arte pode alcançar – mas não o pode a Natureza pura. "A maioria das falsas idéias acerca do belo", diz ele no seu ensaio "Éloge du Maquillage" (*L'art Romantique*), "nasceu da falsa idéia de moralidade corrente durante o século XVIII. Nessa época, o fundamento, a fonte e o arquétipo de toda beleza boa e possível era vista na Natureza. Na cegueira da época, a negação do pecado original passou despercebida". E prossegue: "Natureza! Deusa infalível! Foi ela que nos deu o parricida e o canibalismo e mil outras abominações que até seria inconveniente nomear. Por outro lado, temos a filosofia (quero dizer, autêntica filosofia) e a religião. São elas que nos dizem que devemos cuidar dos nossos pais quando forem velhos e pobres. (A Natureza, a voz do nosso próprio interesse, diz-nos para matá-los à paulada.) Olhemos seriamente para o que é natural, a ação e os desejos do homem puramente natural. O que vemos é sinistro. Tudo o que é nobre e belo provém absolutamente da reflexão e do cálculo".
8. Citação aproximativa do verso de Lamartine: "O homem é um deus caído que se lembra dos Céus" (2ª Meditação).
9. Ficção de 1841 onde Poe faz vigoroso ataque contra a destruição da Natureza pela civilização técnica e industrial. Ali ele fala desse "mun-

do infectado" que lhe ensinou "a esperar pelas maiores ruínas como preço da mais alta civilização".

10. Joseph de Maistre (1754-1821), polêmico pensador e diplomata francês, para quem o primeiro princípio era a absoluta necessidade de ordem. Esse moralista conservador, impertinente e misógino, muitas vezes comparado a Hobbes, escreveu as *Soirées de St. Petersbourg*, onde trata das fortunas da virtude e do vício neste mundo. Essa obra impressionou Baudelaire tão profundamente, que escreveu em seu diário: "Poe e De Maistre me ensinaram a raciocinar".
11. Charles Fourier (1772-1873), filósofo e sociólogo francês, fundador de uma doutrina falansteriana.
12. Horace Greely (1811-1872), autodidata norte-americano que fundou vários jornais e obteve uma cadeira no Congresso.
13. Referência à ficção de Poe *Algumas Palavras com uma Múmia*, de 1845.
14. Menção ao verso de Virgílio "*Dum per mare magnun/Italiam sequimur fugientem*" (Enquanto que através do vasto mar perseguimos uma Itália que foge diante de nós) (*Eneida*, V).
15. Aparentemente, Baudelaire estaria fazendo aqui a crítica da concepção hegeliana da História. Segundo Walter Benjamin, para Baudelaire o curso da História se apresenta sob o conceito da catástrofe do tempo final. Diz Benjamin: "Interromper o curso do mundo – era o desejo mais profundo de Baudelaire. O desejo de Josué... É desse desejo que nascem sua violência, sua impaciência e sua cólera; é dele igualmente que surgiram as tentativas sempre renovadas para atingir o mundo no centro de seu coração, ou para niná-lo com seu canto" (*Charles Baudelaire*, pp. 223/224).
16. Jean Jacques Rousseau. Baudelaire aparentemente se refere à famosa proclamação do filósofo: "O homem que medita é um animal depravado".
17. A comparação entre o selvagem e o homem civilizado se faz em termos de heroicidade – ideal que sempre preocupou Baudelaire. "O herói é o verdadeiro sujeito da modernidade", escreve W. Benjamin, op. cit. p. 108. "Isso significa que, para viver a modernidade, é necessário uma natureza heróica. Balzac e Baudelaire se opõem nesse ponto ao romantismo: eles transfiguram as paixões e a vontade; o romantismo transfigura a renúncia e o abandono."
18. Dentre as muitas teorizações que fez sobre a figura do dândi, a reflexão que aparece no diário de Baudelaire parece mais esclarecedora: "Dandismo. Quem é o homem superior? Não é o especialista. É o homem de ócio e de educação geral".

19. Autor de uma obra sobre *As Mulheres da América* (1853).
20. Deus mexicano da guerra e da adivinhação, mencionado por Musset em sua dedicatória de *La Coupe aux Lèvres.*
21. Teutates, deus dos gauleses, presidia sobre o comércio, a palavra e a guerra; era invocado sob a forma do carvalho.
22. Mamon: deus da riqueza e dos infernos entre os sírios.
23. No original, lê-se *comptoir*, que significa mais precisamente caixa registradora.
24. Poe poderia ser agrupado entre os transcendentalistas, seus contemporâneos e compatriotas, pois sua teorização literária derivou das mesmas fontes que a daqueles. Entretanto, o que ele deplora em Emerson e nos da Nova Inglaterra é seu desvio para o didatismo. "Especialmente nós, americanos, apoiamos a heresia do didático; e nós, bostonianos, muito em especial, desenvolvemo-la completamente" (*The Poetic Principle*).
25. Descobrimos acentuados elementos kantianos no sistema de Poe: uma divisão do mundo do espírito em puro intelecto, gosto e sentido moral, com o gosto servindo de intermediário entre os dois.
26. Talvez a mais importante contribuição dos dois poetas ao nascimento da lírica e da estética modernas se situe em sua discussão sobre a imaginação. Baudelaire a considera a capacidade criativa por excelência: "O poeta é a inteligência mais elevada, e a imaginação é a mais científica de todas as faculdades" (*Correspondência*). Há que se considerar que Baudelaire concebe a imaginação como uma elaboração guiada pelo intelecto. Como procede? Ele escreve em 1859: "Foi a imaginação que ensinou aos homens os valores morais da cor, forma, som e perfumes. No começo do mundo, a imaginação criou a analogia e a metáfora. A imaginação decompõe toda a criação segundo leis que provêm do mais profundo interior da alma, recolhe e articula as partes e cria um mundo novo, e até mesmo um novo reino da experiência sensorial. E, como a imaginação criou esse mundo (podemos dizê-lo, creio eu, mesmo em sentido religioso), é lógico que seja a mesma faculdade a governá-la" ("Salão de 1859", in *Curiosités Esthétiques, II*). Diferentemente do que para Baudelaire, a imaginação para Poe não é criadora: "A imaginação é, possivelmente, no homem, um grau menor do poder criador de Deus". Mas acrescenta: "O que a Deidade imagina *é*, mas não era antes. O que o homem imagina *é*, mas *era* antes. O espírito do homem não pode imaginar o que *não é*". Embora

fale de novidade e originalidade como requisitos, Poe considera a imaginação apenas como um poder combinatório e de escolha.

27. Poe considera que o enredo mais perfeito será o que disfarça a causalidade: "Devemos ter em mira arranjar os momentos salientes, ou incidentes, de tal modo que não consigamos perceber claramente, com relação a qualquer um deles, se um depende do outro ou o sustenta". "Nesse sentido", admite, "a perfeição do enredo é inalcançável *de fato,* porque o Homem é o construtor. Os enredos de Deus são perfeitos. O Universo é um Enredo de Deus"(*Complete Works*, 8, p. 56). Novamente Poe afirma que o homem é mero construtor de seqüências causais, e não um criador.
28. "A Raça Irritável dos Poetas" (Horácio, *Epístolas*, II).
29. Baudelaire resume aqui idéias dos dois ensaios de Poe: *A Philosophy of Composition*, de 1846, e *The Poetic Principle*, de 1848. Traduziu o primeiro ensaio por inteiro; do segundo traduziu uma seleção. Identificou-se explicitamente com as teorias e reflexões de Poe acerca da poesia, podendo, portanto, ser consideradas como suas próprias.
30. Poe, como um artífice, emprega a sua inteligência no problema de organizar as palavras numa estrutura literária específica. A sua forma não devia ser questão de "acaso ou intenção", mas devia revelar "a precisão e o rígido resultado de um problema matemático". É de se considerar que a parte de julgamento e razão, aceitável ao bom classicismo, torna-se em Poe algo diferente, como uma defesa de manufatura tecnológica e calculada elaboração. Este aspecto da crítica de Poe se revelou altamente atraente para Baudelaire, que se referiu mesmo à inspiração como "a recompensa do esforço diário". Classificou-se a si próprio entre aqueles artistas que tentam "descobrir as leis em virtude das quais criaram, e extrair desse estudo um certo número de preceitos cuja finalidade divina é a infalibilidade da produção poética" (Ensaio sobre R. Wagner, 1861).
31. A ênfase na intensidade lírica implicava um assunto especial e uma forma especial. O assunto devia ser uma experiência de intensidade peculiar; a forma, puramente funcional, eliminando-se tudo que é meramente prosa, tecido de ligação. Em resumo, os elementos de um poema deveriam conter tão pouco de matéria inerte como as notas de uma composição musical. "É talvez na música", escreve Poe, "que a alma quase atinge... a criação da Beleza Celestial" (*The Poetic Principle*).
32. *Pabulum* – forragem, ração. Aqui significa matéria suficiente.

33. O poeta, disse Poe, não tinha nada a ver com o bom ou o verdadeiro, mas apenas com o belo. A sua principal tarefa era "alcançar a Beleza do Céu, da qual a beleza deste mundo é um reflexo" (*The Poetic Principle*). Poe reafirma a idéia da autonomia da poesia com tanta força que se aproxima da doutrina da "arte pela arte". Na prática, desafiou o opressivo didatismo de seu tempo e de seu país considerando acertado escrever "um poema unicamente por causa do poema" e afirmando que é impossível "reconciliar os obstinados óleos e águas da Poesia e da Verdade".

Por sua parte, Baudelaire, em outros ensaios, fez reivindicações semelhantes, como no que escreveu sobre o poeta socialista Barbier, que contém o aforismo: "A poesia se basta a si mesma".

Entretanto, foi também um extremo opositor do mesmo ponto de vista, e certamente não teria sido o grande crítico que foi não tivesse tentado reconciliar esses dois pontos de vista. "O tempo não está longe", escreve em 1852, "em que se compreenderá que toda literatura que se recusa a caminhar fraternalmente entre a ciência e a literatura é uma literatura homicida e suicida". E ainda no mesmo ano: "A utopia pueril da escola da arte pela arte, ao excluir a moral e às vezes mesmo a paixão, era necessariamente estéril". Em 1863, em carta ao poeta Swinburne para agradecer-lhe o artigo elogioso sobre as *Flores do Mal*, escreve: Não sou tão moralista quando cortesmente fingis acreditar. Creio simplesmente, como vós sem dúvida, que todo poema, todo objeto de arte bem-feito sugere naturalmente uma moral. Mas isso é assunto do leitor. Tenho mesmo uma raiva muito decidida contra toda intenção moral exclusiva num poema".

34. Baudelaire tenta levantar uma ponta entre as ordens moral e estética, mas o fato é que ele dificilmente acreditaria que tal coordenação dessas funções existisse sem um esforço por parte do artista.

35. Muito freqüentemente, Poe apresenta a idéia de "beleza celeste" como objetivo e centro da arte. Seu conceito de beleza é o neoplatônico em sua referência à harmonia, às proporções matemáticas, à idealidade. Entretanto, ao contrário de Baudelaire, não reconhece a metáfora, não tem noção de correspondência ou analogia. Sua poesia, o que lhe valeu o epíteto de poeta seráfico, permite-nos apenas um vislumbre de algo além, não-terreno. Já Baudelaire saberá explorar a estreita relação entre a ordem física e espiritual. Seu sentimento profundo de relações do mais alto (sublime) e do mais baixo (grotesco), de exigências do inconsciente e de aspirações superiores,

expresso através de alegorias, metáforas, símbolos e comparações poderosos, constitui uma das mais importantes revelações de sua poesia.

36. Toda essa passagem, desde "Mas há uma outra heresia...", feita em boa parte de empréstimos a *The Poetic Principle*, conforme o próprio Baudelaire anunciara, foi citada por ele em seu ensaio sobre *Théophile Gautier* (1859).

37. Poe separou do modo mais resoluto a lírica e o coração. Desejou como sujeito da lírica uma excitação entusiástica, mas que nada tivesse a ver com a paixão pessoal nem com a embriaguez do coração. Entende, por excitação entusiástica, uma disposição ampla, chama-a de alma para lhe dar um nome, mas acrescenta cada vez: "não coração". De um lado, isso significa o reconhecimento da "recordação na tranqüilidade", no sentido de que a mágoa, por exemplo, deve ser disciplinada, ou melhor, distanciada, antes de transformar-se em material poético; por outro, significa que a "poesia, elevando, tranqüiliza a alma. Nada tem a ver com o coração". A poesia para Poe é espiritual, não apaixonada e não erótica.
Para Baudelaire, um tanto diferentemente, a poesia vai justificar-se em sua capacidade de neutralizar o pessoal. Em uma carta, ele fala da "intencionada impessoalidade de minhas poesias", com o que se entende que elas podem expressar qualquer possível estado de consciência do homem, de preferência até os mais extremos. "Lágrimas? Sim, mas aquelas que não vêm do coração."

38. A inovação de Poe consiste em inverter a ordem dos atos poéticos que vinha sendo aceita até então. O que parece ser o resultado, ou seja, a "forma", é a origem do poema; o que parece ser a origem, ou seja, o "significado", é o resultado. Para muitos críticos, principalmente os anglo-saxões, essa dedução passo a passo é uma hábil elaboração *a posteriori* e é refutada pelo fato de Poe ter escrito 15 diferentes versões de "O Corvo". Entretanto, a idéia fundamental é evidentemente concebida com seriedade.

39. Em seu prefácio de "A Gênese de um Poema" (1859), Baudelaire perguntou: "Será que ele se fez menos inspirado do que naturalmente era? Terá ele diminuído sua faculdade espontânea a fim de dar à vontade uma participação maior? Inclino-me a pensar assim". E sugere que, "afinal, um pequeno charlatanismo é sempre permitido ao gênio e é mesmo próprio dele".

40. Os elementos de experimentação, trabalho duro, artesanato mesmo de atuação com o uso de máscaras e fingimento, realmente precisavam ser salientados após a grande crença romântica nas asas da inspiração.

41. Num longo documento datado de 1848 – "The Rationale of Verse" –, Poe desenvolve uma teoria de versificação que defende um tipo de verso que possa ser lido num único tom, com pés métricos de duração equivalente que produzam uma impressão de quase canto; desta forma, deveriam ser obtidos os efeitos sugestivos e místicos que procura. Na prática, é a favor de um metro regular, formas estróficas intricadas, embora irregulares, alterações, rimas internas e artifícios onomatopaicos. (W. L. Werner, *American Literature*, 2 (1930)).
42. "A irregularidade", escreve Baudelaire em *Fusées*, "isto é, o inesperado, a surpresa, o espanto são uma parte essencial e característica da beleza". E, na crítica ao Salão em 1855, se lê: "Essa dose de estranheza que constitui e define a individualidade, sem a qual não há beleza, desempenha na arte o papel do gosto e do condimento nos acepipes".
43. Verso leonino – o tipo de rima interna em que a palavra antes da cesura rima com a palavra final.
44. Ao comparar a poesia de Poe aos sonhos, Baudelaire está usando uma das palavras-chaves de sua estética. Muitas vezes Baudelaire chama sonho às mais diferentes formas de interioridade, de desejo e de evasão. Aqui, este conceito aparece em sua acepção mais aguda, mais elevada e rigorosa, como explicitamente distinta da "mera efusão" e do "coração". O sonho é uma capacidade produtiva que em caso algum procede confusa e arbitrariamente, mas, sim, de maneira exata e sistemática, criando conteúdos "supra-reais". Dizer que o sonho é "perfeito como o cristal" não significa uma comparação casual, antes essa expressão o aproxima do inorgânico. Com essa imagem do mineral e do artificial, o sonho se situa como símbolo do espírito absoluto, acima da Natureza.